AF620057

SIMON DEPLOIGE
PRÉSIDENT DE L'INSTITUT SUPÉRIEUR DE PHILOSOPHIE
A L'UNIVERSITÉ DE LOUVAIN

LA VOIX DES NEUTRES

ESPAGNE ET BELGIQUE

Deuxième édition

PARIS
LIBRAIRIE PLON
PLON-NOURRIT ET Cie, IMPRIMEURS-ÉDITEURS
8, RUE GARANCIÈRE — 6e

1918

Il a été tiré de cet ouvrage
10 exemplaires sur papier de Hollande.

EXEMPLAIRE RÉSERVÉ

LA VOIX DES NEUTRES

PRÉFACE

Le Manifeste des catholiques espagnols, intitulé « A la Belgique » et daté du 3 mai 1916, fut l'objet de commentaires nombreux et l'occasion de polémiques instructives.

Des amis bienveillants nous ont communiqué les articles qu'il suscita dans la presse de différents pays.

Les textes les plus intéressants se trouvent ici réunis avec quelques notes explicatives. Leur ensemble formera une contribution à l'histoire du Manifeste.

Le présent recueil est divisé en trois parties.

Dans la première figurent certains documents antérieurs à l'Adresse du 3 mai 1916, tous rédigés sinon édités en Espagne. Ils permettront au lecteur de se faire une idée assez juste de l'opinion des catholiques espagnols au début de la guerre et de leurs dispositions à l'égard de la Belgique.

La deuxième partie contient la traduction du Manifeste.

La troisième est réservée aux appréciations et aux polémiques; elle se termine par un récit des efforts tentés du côté de l'Allemagne pour faire échec à la manifestation des catholiques espagnols.

S. D.

Lourdes, le 25 mars 1918.

PREMIÈRE PARTIE

AVANT LE MANIFESTE DU 3 MAI 1916

CHAPITRE PREMIER

L'ESPAGNE ET LA BELGIQUE AU DÉBUT DE LA GUERRE

Le distingué recteur du grand séminaire de Madrid, M. Juan Zaragueta, ancien étudiant et docteur de l'Institut supérieur de philosophie de Louvain, s'est essayé un jour à dépeindre l'état d'esprit de ses compatriotes, tel qu'il lui apparaissait au huitième mois de la guerre. Pour épargner à ses amis de Belgique des illusions décevantes, pour modérer leurs espoirs et entretenir cependant chez eux une patiente confiance, il indiqua discrètement les nuances et marqua brièvement la complexité du sentiment espagnol au sujet de la question belge. Son information parut, sous forme de lettre, dans le quotidien belge, le XXe Siècle :

Le XXe Siècle. Le Havre, 10 avril 1915 :

« Il n'est pas exact que l'opinion publique espagnole — pas même l'opinion « catholique » — soit unanimement hostile à la cause des Alliés, en particulier à celle de la Belgique. Il faut pourtant avouer que le courant « germanophile » domine chez les éléments dits « catholiques » — et qui représentent surtout l'extrême droite de nos partis politico-religieux — alors que les éléments de gauche sont plutôt favorables à la tendance « francophile ».

« Quant au rôle de la Belgique dans la présente guerre, il est très diversement apprécié. Ils sont nombreux, ceux qui l'admirent sans réserve, et font les vœux les plus sincères pour le triomphe de ses droits méconnus par la force. Faut-il relever à l'autre extrême le groupe des fanatiques qui l'enveloppent dans leur exécration globale de la masse des Alliés? Il me semble que la grande majorité, même des germanophiles et surtout des catholiques, plaint sincèrement les malheurs de la « pauvre Belgique », et regrette cordialement la dure *nécessité* qui aurait entraîné l'Allemagne à violer sa neutralité. « Pourquoi la Belgique, — poursuivent alors les « germanophiles », — a-t-elle si rigoureusement interprété ses devoirs de nation neutre, jusqu'à sacrifier sa propre existence aux intérêts de la France et de l'Angleterre? » Ajoutez à cela les ombres projetées sur ladite violation elle-même par l'active propagande allemande — surtout le dossier de Bruxelles (1) — et vous comprendrez facilement les hésitations d'un public ne connaissant que de loin les faits et les droits qui ont amené la situation actuelle.

« Cette hésitation est encore plus grande vis-à-vis de la conduite des armées allemandes envers la population civile. Les horreurs qu'on leur attribue sont-elles suffisamment prouvées? La passion ne se mêle-t-elle pas à leur dénonciation? Et surtout, beaucoup des cruautés dont on accuse l'Allemagne, ne seraient-elles pas plus ou moins excusables en guise de représailles provoquées par l'hostilité des populations civiles? C'est au moins ce que l'Allemagne prétend, prétention qui n'a rien d'invraisemblable, étant donné la proverbiale discipline et l'organisation modèle de son armée... Et si on insiste sur le fait que

(1) Allusion aux documents volés à Bruxelles dans les archives de l'état-major belge, publiés par la *Norddeutsche Allgemeine Zeitung* le 13 octobre et le 25 novembre 1914, et répandus ensuite dans tous les pays neutres sous le titre « Conventions anglo-belges ».

les excès, dénoncés à la face du monde et appuyés d'un nombre imposant de témoignages, ne sont pas étrangers à cette même organisation et discipline merveilleuses, on se heurte trop souvent à une grimace de scepticisme.

« Que voulez-vous ! Il faut laisser au temps faire son œuvre, œuvre de lumière et de justice, qui parviendra finalement à percer le flot de doute et de préjugés où les esprits sont plongés.... Ayons toujours confiance dans la victoire définitive des causes justes et dans le rôle éminent que réserve la Providence pour la conduite du monde aux nations qui ont su se maintenir dignes de leur nom au milieu des plus rudes épreuves.

« Juan Zaragueta.

« Madrid, 28 mars 1915. »

A ces données, fournies par le sagace philosophe espagnol, il convient d'ajouter l'observation suivante, faite avec beaucoup de justesse par un Français qui habite l'Espagne depuis de longues années et en connaît admirablement l'histoire et le tempérament. Dans une étude vivante et sereine sur l'Espagne et les belligérants (1), *cet écrivain très informé constate le tort infligé à la Belgique — et, ajoute-t-il, à la cause des Alliés — par les politiciens dénués de circonspection qui, en 1911, érigèrent à Bruxelles un monument en l'honneur de l'anarchiste Ferrer, condamné par la justice espagnole :*

Le Correspondant. Paris, 10 octobre 1915, page 48 (article intitulé : « L'esprit public et la situation en Espagne. La genèse historique des sentiments et des idées », par ***) :

« Quant à la Belgique, malgré ses colonies industrielles si importantes, malgré son catholicisme et son université de Louvain, où le gouvernement espagnol envoyait des boursiers, et malgré, on peut bien dire, l'influence prépondérante des Belges en Espagne au point de vue des œuvres chrétiennes sociales, l'affaire de la statue Ferrer est venue indisposer contre elle l'Espagne quasi unanime, précisément à la veille de la guerre.

« L'Espagne presqu'entière protesta contre

(1) L'étude, anonyme, a d'abord paru dans *le Correspondant* (numéros du 10 et du 25 octobre 1915); puis, en volume, sous le titre : *L'Espagne et la guerre*. Paris, Bloud et Gay, 1916.

l'érection de la statue : des pétitions innombrables au gouvernement de Bruxelles furent signées; et ce fut autant, et peut-être plus que toute autre, l'Espagne démocratique qui protesta, parce qu'elle est la moins faite du monde pour l'anarchisme : elle tire le couteau ou prend le fusil pour ses libertés; mais détruire la société au nom d'une philosophie sociale pessimiste, d'un mysticisme du septentrion, n'est pas son fait... L'exécution de Ferrer correspondit au sentiment de la nation... Vainement la franc-maçonnerie voulut en faire une « affaire Dreyfus » espagnole. Elle échoua en fait absolument en Espagne...

« C'est toute l'opinion espagnole que la Belgique s'aliéna pour avoir laissé une poignée d'exaltés élever sur son sol une statue, qui exprimait comme une protestation internationale contre la condamnation de Ferrer en Espagne. Ceux des Espagnols qui auraient le moins condamné Ferrer avant, protestèrent le plus violemment ensuite de ce qu'un autre pays, par une telle manifestation, se mêlait de prétendre flétrir ce qui se faisait en Espagne : l'esprit d'indépendance du peuple était piqué et son orgueil s'indigna de ce qu'une telle leçon lui vînt impertinemment d'un « petit pays » !... C'est ainsi qu'un menu fait, aussi sot, détruisait à l'avance une des plus fortes armes que les Alliés auraient pu avoir auprès de l'opinion espagnole : la sympathie pour le malheur de la catholique Belgique indignement et férocement violée.

« *** »

CHAPITRE II

LA LETTRE DE PEDRO SANGRO AU RECTEUR DE L'UNIVERSITÉ CATHOLIQUE DE LOUVAIN.

Au mois d'août 1915 se produisit en Espagne une manifestation de sympathie, inattendue et touchante, à l'adresse de l'antique Université qui, dans la Belgique envahie, avait été la plus insigne victime de la guerre. L'initiative en était due à un avocat de Madrid, Don Pedro Sangro y Ros de Olano, dont l'activité et le talent s'affirment en de nombreuses et utiles publications (1). *Depuis le début de la guerre, Pedro Sangro avait pris ouvertement, avec un calme courage et un désintéressement chevaleresque, le parti de la Belgique. En une lettre éloquente, datée du jour anniver-*

(1) La plus récente est un important volume sur la politique espagnole des dernières années, intitulé : *La sombra de Ferrer. De la semana tragica a la guerra europea.* Madrid, 1917.

saire de l'incendie de l'Université, il exprima au Recteur de Louvain les sentiments de douleur et d'indignation qu'entretenait dans les âmes nobles et chrétiennes le souvenir du forfait accompli par l'armée allemande. Trente-huit signatures s'ajoutèrent, au bas du document, à celle de Sangro :

« Madrid, 26 août 1915.

« *A Monsieur le Recteur de l'Université de Louvain.*

« Vénéré Monsieur le Recteur.

« En ce premier anniversaire de l'incendie de l'Université de Louvain par les troupes allemandes, nous venons vous offrir, à vous et à vos dignes collègues, l'expression de notre sympathie, et en même temps élever notre protestation contre un acte qui fut à la fois un crime contre la Science et une violation du Droit des gens.

« Nous n'avons pas l'ambition de représenter un parti ou une école ; c'est uniquement notre pensée personnelle que nous traduisons, et nous avons la prétention de le faire avec une entière indépendance. Plusieurs d'entre nous ont visité votre glorieuse

Université : ils ont pu admirer de près ses richesses scientifiques et littéraires, ainsi que son importance sociale. Tous, nous la connaissons et l'aimons assez pour déplorer les faits accomplis comme nous touchant directement; car les bienfaits si généreusement répandus par l'Université de Louvain ne s'arrêtaient pas aux frontières de la Belgique.

« Le temps écoulé depuis que furent réduits en cendres les trésors intellectuels accumulés durant cinq siècles dans la vénérable Université donne plus de force à notre protestation, issue d'un jugement serein; car nous ne sommes plus sous le coup d'une première impression et nous avons eu le loisir de peser les arguments par lesquels les auteurs de la catastrophe ont voulu se justifier devant l'indignation du monde civilisé.

« Ce n'est pas seulement le tort infligé à l'Université qui provoque notre protestation, bien que ce tort soit immense et partiellement irréparable. L'illustre cardinal Mercier le déplorait en ces termes dans son admirable Pastorale de Noël 1914 : « L'antique collège « Saint-Ives, l'Ecole des beaux-arts de la « ville, l'Ecole commerciale et consulaire de

« l'Université, les Halles séculaires, notre
« riche bibliothèque avec ses collections, ses
« incunables, ses manuscrits inédits, ses
« archives, la galerie de ses gloires depuis
« les premiers jours de sa fondation, les
« portraits des recteurs, des chanceliers,
« des professeurs illustres, au spectacle
« desquels maîtres et élèves d'aujourd'hui
« s'imprégnaient de noblesse traditionnelle
« et s'animaient au travail ; toute cette accu-
« mulation de richesses intellectuelles, his-
« toriques, artistiques, fruit de cinq siècles
« de labeur, tout est anéanti. »

« Ce qui cependant est plus grave encore dans l'attentat commis, c'est l'outrage aux idées et aux sentiments les plus nobles par où l'homme se distingue des animaux et en raison de quoi il a reçu de Dieu le privilège de dominer tous les êtres de la terre.

« A ce point de vue, l'incendie de l'Université de Louvain a mérité et méritera éternellement l'exécration de tous les hommes qui ne se résignent pas à admettre la primauté de la force sur le droit, mais qui professent au contraire que la force doit rester au service de l'esprit pour lui permettre de remplir la mission que Dieu lui a dévolue dans le monde. Si un tel outrage ne soulevait aucune protestation, s'il ne provoquait aucune demande de réparation, on serait en droit d'affirmer que les sentiments du bien et de la justice se sont effacés du cœur humain et que les sociétés modernes, loin d'acheminer l'homme vers la perfection, le font rétrograder vers des époques qui sont l'opprobre de l'histoire de l'humanité.

« Confiants en la justice et en la miséricorde divines, nous espérons fermement que la tourmente finira bientôt, qu'au ciel luira à nouveau l'étoile de la paix, et que sera restauré l'ordre moral bouleversé par cette guerre, qui, suivant le mot énergique de S. S. Benoît XV, mérite plus le nom de massacre que le nom de guerre; nous gardons la conviction que cette restauration sera bientôt une réalité et que la noble Belgique — que Pie X de sainte mémoire et le Pontife glorieusement régnant ont présentée au monde comme un exemple — retrouvera la plénitude de sa glorieuse vie spirituelle et scientifique, qu'elle relèvera ses églises détruites, et que se rallumera le flambeau de votre Université, afin que se dise toujours d'elle le mot du seizième siècle : *Athenæ belgicæ, lateque spargens lumen et nomen tuum.*

« Veuillez agréer, vénéré Monsieur le Recteur, les hommages affectueux de vos dévoués serviteurs :

« Pedro Sangro y Ros de Olano, avocat et membre de l'Institut de réformes sociales; Ramon Albo y Marti, docteur en droit, Barcelone; Fr. Rodrigo Diez, dominicain, professeur au collège d'Oviedo; Juan de Hinojosa, avocat; Primitivo de Valbuena, coadjuteur de la paroisse de Saint-Joseph à Madrid; le comte de Casa-Saavedra, avocat; Marie de Echarri; Juan Diaz-Caneja, député; Inocencio Jimenez, professeur de droit pénal à l'Université de Saragosse; Federico Lopez Valencia, de l'Institut national de prévoyance; le docteur Manuel de Tolosa Latour, membre de l'Académie royale de médecine; Luis Garcia de los Rios, avocat; Carmen Marquez; Francisco de A. Bartrina, avocat, Barcelone; José Gonzalez Jubany, avocat; J. M. Rogelio Jove, professeur à l'Université d'Oviedo; Antonio de Valbuena, avocat; Juan Reig y Genoves, avocat; Juan Carrera Dellunder, sculpteur; Antonio Rey Soto, prêtre; Léon Corral, professeur à l'Université de Valladolid; Miguel Figueras, avocat; Federico Santander, publiciste; Alvaro Alcala Galiano, avocat et homme de lettres; Blasa C. Ruiz, Alicante; Alvaro Olea Pimentel, avocat et conseiller municipal de Valladolid; J. Nicolas de Escoriaza, ingénieur; Isidro de Villota y Presilla, avocat; Juan Morales Salomon, avocat; A. Luis de Valbuena, alcalde de Pedrosa del Rey; Emilio de Villa-Ceballos, avocat; Luis Jordana de Pozas, professeur auxiliaire de l'Université de Saragosse; le marquis de Pidal, député; Jaime Verastegui, chanoine de la cathédrale de Vitoria; José Gascon y Marin, professeur de l'Université de Saragosse; Manuel Gomez Adanza, doyen de la cathédrale de Santander; Miguel M. de Pareja, avocat; Alvaro Lopez Nuñez, secrétaire de l'Institut national de prévoyance. »

L'organe allemand, la Tribuna, *se contenta d'opposer à la protestation de M. Sangro la version impériale du sac de Louvain :*

La Tribuna. Madrid, 13 octobre 1915 :

« La protestation ne se justifie point. Après l'incendie de Louvain, le gouvernement impérial a affirmé que les habitants de la ville avaient tiré sur les soldats allemands et que cette conduite des civils, contraire au droit des gens, avait forcé l'autorité militaire allemande à prendre des mesures extraordinaires de répression. Nous croyons donc qu'il ne faut pas émettre une appréciation prématurée; il convient au contraire d'attendre que la paix soit revenue pour énoncer sur cette affaire un jugement conforme à la vérité. »

C'est que les incendiaires, flétris par la lettre vengeresse, avaient trouvé un avocat, El Siglo futuro, *qui fit et refit leur apologie, et n'eut pas honte de ricaner devant nos ruines :*

El Siglo futuro. Madrid, 20 septembre 1915 :

« La destruction de l'Université de Louvain fut uniquement due à un déplorable accident de guerre, provoqué par la témérité — patriotique tant qu'on voudra, mais témérité quand même — de la population civile, insurgée contre les troupes allemandes qui occupaient la ville. Il n'est pas juste d'omettre cette circonstance.

« Le peuple allemand n'est pas un peuple de barbares. Les généraux allemands qui gouvernent aujoud'hui la Belgique ont donné des preuves insignes de culture, en empêchant le vol des instruments scientifiques et des objets d'art et en interdisant de dépouiller les musées, les archives et les bibliothèques.

« On doit considérer comme une impossibilité morale que les Allemands auraient commis, fût-ce par représailles motivées, des actes de destruction. Pareils actes, s'il s'en est produit, doivent être attribués à des accidents fortuits; ou bien ils s'expliquent par la nécessité dans laquelle on s'est trouvé de se défendre contre la révolte soudaine d'une population vaincue et soumise. »

El Siglo futùro. Madrid, 21 septembre 1915 :

« Les signataires de la Lettre au Recteur de Louvain sont affligés par la perte de deux ou trois incunables. Nous qui gardons vivant le souvenir de la cruauté française, nous ne pouvons nous entendre avec eux pour injurier l'armée allemande. On n'est pas en droit de diffamer une armée courageuse et chevaleresque comme l'armée allemande, parce qu'un obus, lancé par ses batteries en réponse aux coups de feu qui partaient de l'Université, a incendié quelques rayons de la bibliothèque. Une armée qui se défend ne mérite pas d'injures. Il ne serait pas plus juste d'ailleurs de blâmer les habitants de Louvain qui ont transformé l'Université en citadelle. Les héroïques défenseurs de Saragosse s'étaient bien retranchés dans l'église du Pilar pour faire le coup de feu sous ses voûtes sacrées. Ce qui mérite d'être exécré, c'est le pillage; or l'armée allemande ne l'a point pratiqué, et les Belges n'ont point été dépouillés de leurs richesses comme nous le fûmes par les armées occupantes. »

La Revue générale de l'enseignement et des beaux-arts *voulait bien offrir ses condoléances à l'Université si durement éprouvée, mais elle se refusait à inculper l'armée allemande :*

Revista general de enseñanza y bellas artes. Madrid, 1er octobre 1915 :

« Nous ne pouvons approuver tous les termes de la Lettre, parce que la protestation qu'elle contient se retourne comme une accusation contre la nation qui attaqua, non l'Université, mais la ville de Louvain. Cette attaque se produisit pour des raisons que nous n'avons pas à approfondir ici, et qui, à notre avis, n'ont pas encore été suffisamment étudiées pour permettre d'affirmer que la fameuse Université belge fut détruite de propos délibéré. »

Le journal catholique le plus autorisé d'Espagne, El Universo, *qui avait plus d'une fois témoigné de sa bienveillance à la Belgique, venait tout juste de se prononcer avec une sympathie remarquée sur la question belge et de la juger avec une parfaite équité* (1). *Dans une note courtoise, son Directeur exprima le regret de ne pouvoir souscrire à la protestation envoyée au Recteur de Louvain :*

El Universo. Madrid, 21 septembre 1915 :

« Nous connaissons des catholiques distingués, ecclésiastiques et laïques, qui auraient signé très volontiers cette Lettre, si elle s'était bornée à déplorer l'incendie de l'Université, à offrir des concours ou des dons pour sa restauration, voire même à manifester des sympathies pour la Belgique, tant à cause de ses malheurs qu'à raison de l'héroïsme qu'elle déploie dans la défense de son indépendance. Ils se sont abstenus parce que la Lettre admet

(1) Article *Filias y fobias* (*Universo* du 11 août), reproduit en partie dans le *Journal des Débats*.

comme démontrée ou indiscutée la culpabilité des Allemands dans le lamentable événement du 25 août 1914. Du point de vue de la neutralité espagnole, les abstenants pensent que cette culpabilité ne peut être affirmée comme certaine et ils ne jugent pas prudent de la proclamer dans un document public. »

Un des principaux rédacteurs de l'Universo, *Don Angel Salcedo Ruiz, expliqua à son tour pourquoi lui-même et d'autres intellectuels espagnols, — amis et admirateurs comme lui de Louvain et dont il citait les noms, — avaient cru devoir s'abstenir :*

El Universo. Madrid, 24 septembre 1915 (article intitulé « Les Louvanistes espagnols ») :

« J'aurais signé très volontiers la Lettre, si elle s'était bornée à exprimer la douleur causée par l'incendie de 1914, à formuler le souhait d'une prochaine et complète restauration, et même à faire des vœux pour l'indépendance de la Belgique si héroïquement défendue par ses fils.

« Ce n'est pas que je croie la version allemande d'après laquelle les habitants de Louvain se seraient barricadés dans l'Université pour attaquer les Allemands, ce qui aurait obligé ceux-ci à incendier le bâtiment. Cette version, admise comme indiscutable par notre confrère *El Siglo futuro,* est démentie par le gouvernement belge qui a autant de droit à être cru par les neutres que le gouvernement allemand; elle est contestée par des hommes comme le cardinal Mercier, qui sont incapables de mentir, fût-ce par patriotisme ou par amour pour l'Université; elle est même rejetée par des publicistes allemands autorisés.

« D'après la version belge, la population de Louvain ne commit aucun acte hostile contre les envahisseurs; mais ceux-ci, appliquant méthodiquement leurs principes de guerre, auraient voulu faire à Louvain un exemple éclatant, dans le but de terroriser Bruxelles et les grandes villes belges et d'enlever au peuple l'envie de se soulever. Mais, à son tour, cette version est contredite par l'Allemagne.

« Cela étant, le devoir de la neutralité nous commande de suspendre notre jugement ou du moins de ne pas l'exprimer publiquement. Des jours viendront — Dieu veuille que ce soit bientôt — où tout sera tiré au clair; alors on pourra établir la responsabilité de chacun.

« (S.) Angel Salcedo Ruiz. »

Quelques mois plus tard, en juillet 1916, paraissait le Manifeste espagnol A Belgica. *Il portait la date du 3 mai 1916* (1).

(1) *A Belgica*. Madrid, Imprenta, Albuquerque 12, 1916.
A la Belgique. Manifeste des catholiques espagnols. Traduction française. Paris, Plon-Nourrit, 1916.
To Belgium. London, W. Speaight and sons, 1916.
Al Belgio. Manifesto dei Cattolici spagnoli. Versione italiana. Roma, tipografia Failli, 1916.
An Belgien. Manifest der Spanischen Katholiken. Deutsche Uebersetzung. Londres, William Cloves and sons, 1916.
Manifest van de spaansche Katholieken voor België. Typ. v. Dagbladen, Prinsegracht 16, Den Haag.

DEUXIÈME PARTIE

LE MANIFESTE
“ A BELGICA ”

A LA BELGIQUE

3 mai 1916.

Des publicistes étrangers, adversaires de nos croyances, prétendent qu'en Espagne les catholiques sont animés envers la Belgique de sentiments d'indifférence sinon d'hostilité. Et, non contents d'émettre cette audacieuse affirmation, ils s'en forgent une arme commode contre la valeur morale et sociale du catholicisme. Evoquant la figure à jamais odieuse de Ponce Pilate, ils représentent les catholiques de notre pays comme incapables, intellectuellement et moralement, de juger entre le bien et le mal; ils insinuent que la solidarité catholique est devenue un vain mot; ils proclament la faillite du droit international chrétien.

Il ne peut nous convenir de favoriser par notre silence cette campagne de dénigrement. Il importe au contraire de mettre les choses au point et de définir la position que les catholiques espagnols ont prise dès le début de la grande guerre et qu'ils entendent maintenir.

I

Rappelons, pour commencer, que le peuple espagnol a unanimement adhéré à la déclara tion de neutralité de son gouvernement. L'Espagne est donc bien décidée à ne pas prendre part à la guerre; elle ne favorisera ni la triple alliance anglo-franco-russe, ni la triple entente austro-germano-turque. Cette attitude est la seule qui réponde à la situation internationale et aux intérêts actuels de notre pays.

C'est précisément parce que l'Espagne est restée en dehors du conflit que son roi a pu s'interposer auprès des chefs des pays en lutte et intervenir efficacement en faveur des victimes de la guerre. On sait le prestige et les sympathies que ses nobles initiatives ont valus à notre auguste souverain.

Au surplus, si l'Espagne est neutre, chaque citoyen espagnol garde personnellement le droit d'accorder à l'un ou à l'autre des groupes belligérants une préférence guidée par l'esprit de justice et par le sentiment de l'intérêt national. Ici, les opinions sont libres et les avis très partagés.

Mais, quelles que soient la variété des jugements et la divergence des sympathies, il reste certain que le cas de la Belgique doit être envisagé à part. La Belgique, en effet, était pays neutre, non seulement par sa volonté propre, mais aussi par l'accord des grandes puissances. Elle ne faisait partie, avant la guerre, d'aucune combinaison internationale exposée à être mêlée à la tragédie européenne. On remarque qu'elle n'a même pas, depuis la guerre, signé le pacte de Londres. Entraînée dans le conflit inopinément et contre son gré, elle s'est levée, le 4 août 1914, pour défendre son droit et accomplir son devoir de nation neutre. Si elle continue à lutter, c'est pour reprendre son territoire et reconquérir sa liberté. Tout en différant de sentiment sur les données fondamentales de la guerre européenne, nous pouvons donc nous retrouver unanimes dans l'appréciation du cas de la Belgique.

Deux points sont principalement à considérer :

1° La violation de la neutralité belge et l'attitude défensive prise par la Belgique après l'invasion de son territoire;

2° Les faits criminels imputés à l'envahisseur après qu'il se fut heurté à la résistance de la Belgique.

Examinons séparément les deux points en commençant par le second.

II

On ne peut, en bonne justice, se prononcer sur les « atrocités allemandes » qu'en admettant certaines distinctions qui s'imposent. C'est une nécessité élémentaire de considérer séparément la question de fait et la question de droit. Mais chacun reconnaîtra que, dans le cas présent, la question de fait est singulièrement complexe. Il ne suffit pas de prouver la matérialité des actes imputés à l'envahisseur ; il convient encore, avant de qualifier ces actes, de rechercher et d'établir en quelles circonstances, pour quels motifs, dans quel but ils furent commis. Enfin, il est équitable d'examiner si les crimes, avoués ou prouvés, ont eu pour auteurs responsables des soldats indisciplinés ou s'ils furent commandés par les chefs de l'armée : on ne pourrait juger les faits avec la même sévérité dans les deux cas.

En ce qui concerne la question de droit, rappelons avant tout que les belligérants, étant des hommes, sont et restent soumis dans leurs actes et leurs démarches aux préceptes de la loi morale. C'est l'honneur du christianisme d'avoir proclamé et fait reconnaître cette vérité. Sa bienfaisante influence a fait entrer peu à peu dans la conscience des peuples civilisés les principes du droit des gens; on lui doit, en particulier, d'avoir limité aux seules armées les horreurs impliquées dans la guerre et d'avoir modéré chez les combattants eux-mêmes la fureur de carnage. N'attaquer que l'armée ennemie et ne la frapper que dans la mesure nécessaire pour briser sa force de résistance : tel est le principe fondamental du droit moderne de la guerre. Nous qui nous glorifions de notre illustre école de juristes du seizième siècle, nous avons le devoir d'opposer ces principes à ceux qui, régressant vers la barbarie, osent justifier l'emploi, contre l'armée et le peuple ennemis, de tous procédés, même des plus brutaux et des plus effroyables, pourvu qu'ils conduisent à la victoire.

Est-il nécessaire après cela de dire que, si les accusations formulées par les autorités belges sont fondées, nous nous associons de toute notre énergie à la condamnation que mérite, même en temps de guerre, toute barbarie inutile et toute cruauté injustifiée? L'exécution en masse de citoyens pacifiques, l'assassinat de prêtres innocents, le massacre de vieillards, de femmes et d'enfants inoffensifs et sans défense, les sacrilèges et la profanation des églises, la destruction systématique de villes et de villages, l'incendie sans excuse de l'Université catholique de Louvain, sont des faits qui, dûment reconnus et prouvés, doivent provoquer la réprobation de toute conscience honnête, combien plus celle de la conscience catholique, prototype de la droiture naturelle.

Mais contre ces accusations s'élève la voix de l'empereur d'Allemagne lui-même. Dans son télégramme au Président des États-Unis, l'Empereur avoue, certes, la dureté des procédés employés par l'armée allemande dans la Belgique envahie, mais il l'excuse par l'attitude hostile de la population et par les cruautés auxquelles se seraient livrés sur les blessés allemands, les femmes, les enfants et les prêtres belges. Des allégations semblables se lisent, d'ailleurs, dans la proclamation fameuse adressée au monde civilisé par les quatre-vingt-treize représentants de la science et de l'art allemands.

En présence de ces affirmations contradictoires, s'étonnera-t-on si, dans un pays neutre éloigné du théâtre de la guerre, il s'en trouve l'un ou l'autre qui réserve encore son opinion?

Personne d'entre nous ne refuse, toutefois, de reconnaître les exigences de la justice. Loin de demeurer indifférents devant la gravité des faits dénoncés, loin de chercher dans les contestations un prétexte pour esquiver le jugement de l'Histoire, nous adhérons tous à la proposition de voir se constituer, pour l'examen des événements, une Commission d'enquête internationale, qui offre aux belligérants et aux neutres une complète garantie d'impartialité.

III

Le cas de la violation de la neutralité de la Belgique se présente à notre conscience avec un caractère très différent. Ici, le fait est avoué et qualifié par son auteur lui-même. En effet, le 4 août 1914, en annonçant au Reichstag que les troupes impériales pénétraient en territoire belge, le chancelier allemand Bethmann-Hollweg eut la franchise de reconnaître que cette invasion était « contraire au Droit des gens » et qu'elle provoquerait des protestations justifiées de la part du pays envahi. Il ajouta même que l'Allemagne promettait de réparer ses torts dès qu'elle aurait atteint son but militaire.

Le chancelier, il est vrai, ne s'en est point tenu à cette loyale confession. Essayant immédiatement d'excuser l'injustice commise, il allégua la nécessité où se trouvait l'Empire, pour assurer le triomphe des armes germaniques, de devancer une attaque projetée par la France à travers le territoire belge. Et il ajouta : « Nécessité ne connaît pas de loi. »

La France avait-elle le projet que lui prêta le chancelier? Nous n'avons pas à le rechercher. Il nous suffit de savoir que l'excuse invoquée par le chancelier a été déclarée de nulle valeur par Celui qui représente pour nous la plus haute autorité morale de ce monde.

Invoquant sa qualité « d'interprète suprême et de vengeur de la Loi éternelle », le souverain pontife Benoît XV, dans son allocution consistoriale du 22 janvier 1915, a cru de son devoir de proclamer « qu'il n'est permis à personne ni pour aucun motif de léser la justice ». Il a dit encore « qu'il réprouvait hautement toute injustice de quelque côté qu'elle eût été commise ». Et pour qu'il ne subsistât aucun doute sur le fait visé par le Pape dans ce discours, le cardinal secrétaire d'État confirma, — dans sa lettre du 6 juillet 1915 au ministre de Belgique près le Saint-Siège, — que « l'invasion de la Belgique par les Allemands est directement touchée par le passage de l'allocution consistoriale du 22 janvier, où le Saint-Père réprouve hautement toute injustice de quelque côté et pour quelque motif qu'elle ait été commise ».

Catholiques, nous adhérons sans réserve aux paroles du Pape rappelant au monde, en ces heures troublées, l'intangibilité des préceptes de la Loi morale.

Espagnols, nous devons affirmer avec une insistance particulière le respect dû aux principes du Droit des gens. Comme nation neutre, nous avons d'abord un intérêt spécial à ce que le droit des neutres prévale contre toute tentative de coaction des belligérants. Et, pour rester dignes de notre grande école du seizième siècle, — qui fut la véritable créatrice du droit international moderne, — nous devons maintenir ferme, à la face du monde et contre toute atteinte d'où qu'elle vienne, sa rigide doctrine juridique.

IV

Nous n'avons pas besoin d'ajouter que si nous faisons aujourd'hui écho à la parole du Pape en ce qui concerne l'invasion de la Belgique, nous réprouvons également toute autre violation de la neutralité qui aurait pu se produire dans cette guerre, et quels qu'en eussent été les auteurs. Mais ce n'est point ici le lieu de passer en revue les atteintes portées au Droit des neutres. L'injustice perpétrée contre le peuple belge dépasse d'ailleurs toutes les autres; car non seulement elle est la première en date et la plus fatale, mais elle a encore une signification très spéciale. En violentant la Belgique, le 4 août 1914, pour la contraindre à favoriser un des belligérants au détriment de l'autre, ce n'était pas seulement à un *droit* qu'on la sommait de renoncer, c'était aussi un *devoir* que l'on voulait la forcer à trahir. Personne n'ignore, en effet, que la Belgique était depuis 1839 une nation *neutralisée* par l'accord des grandes puissances, et obligée, par là, à maintenir envers chacune d'elles une stricte neutralité.

Cette circonstance donne à l'attitude adoptée par la Belgique une valeur particulière. Peut-être s'en trouvera-t-il parmi nous qui auraient dispensé plus ou moins largement la Belgique de défendre son droit avec une telle énergie et de se sacrifier aussi complètement à l'accomplissement de son devoir. D'autres, peut-être, regretteront l'influence que sa résistance exerça sur la suite des événements et les conséquences qu'elle eut pour l'un des groupes de belligérants. Mais le sentiment chevaleresque est trop vivant dans la nation espagnole pour que nous ne nous trouvions unanimes à admirer l'héroïsme superbe de cette petite nation qui, plutôt que de consentir au sacrifice de l'honneur, n'a pas hésité à affronter, sans souci des conséquences, l'attaque de forces tant de fois supérieures. Tous nous sommes fiers de penser que, si le capital moral de l'humanité se trouve enrichi d'un incomparable exemple de fidélité au devoir, c'est à une nation catholique que le monde en reste redevable.

Pénétrés de ces sentiments, nous, catholiques espagnols, nous formons les vœux les plus ardents pour que, — quel que soit le résultat militaire de la guerre, — la Belgique obtienne la réparation complète de ses maux présents et la restauration intégrale de sa nationalité indépendante.

Le Duc d'Albe.

Ramon de Abadal, professeur de la Faculté de droit à l'Université de Barcelone.

José de Acuna, avocat, Madrid.

Le Comte de Agrela, sénateur.

Le Comte de Aguiar, artiste peintre, Séville.

Domingo Aguirrebengoa, architecte, San-Sebastian.

José-Maria Aguirre y Serrat-Calvo, avocat et notaire, Barcelone.

R. P. Santiago Alameda, docteur en théologie, bénédictin de Silos.

Francisco Albo y Marti, docteur en droit, ancien député aux Cortès, Barcelone.

Ramon Albo y Marti, docteur en droit, Barcelone.

Alvaro Alcala Galiano, avocat et homme de lettres, Madrid.

José Alemany y Borras, homme de lettres, Barcelone.

Jaime Algarra y Pestius, avocat et professeur de droit de l'Université de Saragosse.

Benito Alguacil, maire de Santa-Fé.

Dr. Miguel Allué Salvador, sous-directeur de l'Institut général de Saragosse.

Antonio Almagro Cardenas, professeur de la Faculté de philosophie et lettres à l'Université de Grenade, membre correspondant de l'Académie royale d'histoire.

Eustaquio Alvarez de Eulate, curé de Nazar.

Antonio Alonso Cortès, professeur de la Faculté de médecine et ancien recteur de l'Université de Valladolid.

Narciso Alonso Cortès, professeur de l'Institut de Valladolid.

Francisco de P. Amat y Villalba, professeur de la Faculté de philosophie et lettres à l'Université de Valence.

Dr. Ceferino Andrés, vicaire général du diocèse de Salamanque.

Dr. J. Andrés, chanoine, membre du Conseil de la Fédération des Syndicats agricoles catholiques de la Manche, Ciudad-Réal.

R. P. Guillermo Antolin, religieux augustin,

directeur de la Bibliothèque royale de l'Escurial, membre correspondant de l'Académie royale d'histoire.

José Anton y Gomes, bénédictin, directeur de la *Revista Eclesiastica*.

Rafael Apolinario, ingénieur en chef des ponts et chaussées, Santander.

Angel Apraiz Buesa, professeur de la Faculté de philosophie et lettres à l'Université de Salamanque.

Juan Arago, avocat et journaliste, Valence.

Julian Aramendia, docteur en droit, Saragosse.

Maximiliano Arboleya Martinez, chanoine de la cathédrale d'Oviedo.

Carlos Arias, directeur de la revue *El Magisterio de Galicia,* La Coruna.

Juan de Arias Reza, chanoine de l'église métropolitaine de Grenade.

Enrique Aripte, avocat, San-Sebastian.

Le Père Marcelino Arnaiz, religieux augustin, publiciste, professeur de philosophie au Monastère royal de l'Escurial.

Miguel Asin Palacios, prêtre, professeur de la Faculté de philosophie et lettres de l'Université centrale de Madrid, membre de l'Académie royale espagnole et de l'Académie royale des sciences morales et politiques, Madrid.

Le Marquis de Aulencia.

Severino Aznar, professeur de sociologie à l'Université centrale, Madrid.

Dr. Blas Ayllon, chanoine de l'église métropolitaine de Grenade.

Gustavo Bacarisas, président du cercle des Beaux-Arts, Séville.

Le Duc de Baena, sénateur.

Dr. José Maria Baranera, chanoine de la cathédrale, professeur au grand séminaire de Barcelone.

Dr. Antonio Maria de Barcelone, capucin, professeur d'Écriture sainte, secrétaire de rédaction de la revue *Estudios franciscanos*, Barcelone.

Joaquin de Barnola, avocat et publiciste, Barcelone.

Francisco de A. Bartrina, avocat, vice-président de la députation provinciale de Barcelone.

M. Baselga y Ramirez, directeur de la Banque de Crédit de Saragosse, ancien professeur de la Faculté de philosophie de l'Université.

Guillermo Becerril, docteur en droit et en philosophie et lettres, Valladolid.

Dr. J. M. Bellido, professeur à la Faculté de médecine de l'Université et bibliothécaire de l'Académie des sciences, Saragosse.

Dr. Angel Bellogin y Aguasal, homme de lettres, Valladolid.

Andrés Beltran Barroso, professeur de l'Institut général et technique de Valladolid.

Antonio Benet, prêtre, Saint-Sébastien.

Dr. Antonio Berjon y Vazquez, archiprêtre de l'église métropolitaine de Grenade, membre correspondant de l'Académie royale d'histoire.

R. P. José de Besalu, ancien professeur de philosophie, supérieur du couvent des Capucins de Barcelone.

Eusebio Bertrand y Serra, député aux Cortès.

Gonzalo Bilbao, professeur de l'école des Beaux-Arts, Séville.

Joaquin Bilbao, sculpteur, Séville.

Rufino Blanco, professeur de pédagogie à l'Ecole des études supérieures d'instituteurs, directeur du journal *El Universo*, Madrid.

Dr. Antonio Blazquez Duran, ancien élève de l'Université de Louvain, secrétaire de l'Evêché de Salamanque.

José M. Blasco Serrano, avocat, Ciudad-Réal.

Le Marquis de Bolanos.

Dr. Francisco Borrego, ancien élève de l'Université de Louvain, professeur de théologie au grand séminaire de Salamanque.

Antonio Bosca Blas, avocat, Valence.

Antonio Boyer, professeur de l'Institut de Salamanque.

Ricardo Brotans, capitaine de vaisseau, Alméria.

Juan Burgada y Julia, publiciste, Barcelone.

José de Bustos, professeur de la Faculté de sciences à l'Université de Salamanque.

Paulino Caballero, directeur de l'Institut général et technique de Guipuzcoa, à Saint Sébastien.

Manuel Cabrera y Warleta, professeur de droit canon à l'Université de Valence.

Carlos Calatayud, avocat, Ciudad-Réal.

Dr. Rafael Calvet y Patxot, membre de l'Académie royale de médecine, directeur du Laboratoire municipal de Barcelone.

Segundo del Camino, directeur du journal *El Carbayon*, Oviedo.

Le Marquis de Campollano.

José Maria Campos y Pulido, professeur de droit canon à l'Université de Séville.

Miguel Carbo y Carbo, docteur en médecine, Barcelone.

A. Caro Riano, docteur en droit, Grenade.

José de Carralt, ingénieur, Barcelone.

Luis Carreras, prêtre, professeur au séminaire de Barcelone.

Cecilio Casado, avocat, Valladolid.

Le Marquis de Casa-Domecq, Jerez.

Francisco Casa Soler, ingénieur agricole, Valence.

A. Castello, docteur en médecine, Valence.

Paulino Castells, directeur de l'École des Ingénieurs industriels, Barcelone.

Le Marquis de Castromonte.

Gonzalo del Castillo Alonso, professeur de droit public à l'Université de Barcelone.

Amando Castroviejo, professeur d'économie politique à l'Université de Santiago de Compostela.

Rév. Père Jaime Catala, des Écoles pies, Barcelone.

Agustin Catalan, professeur de philosophie à l'Institut de Saragosse.

Luis Chavarria, avocat, Saragosse.

Luis Chorro y Soria, bibliothécaire à l'Université de Valence.

Pablo Cilleruelo, avocat, professeur à l'École

des arts et industries, membre de l'Académie des beaux-arts de Valladolid.

Eduardo Cobian Fernandez de Cordoba, avocat et député aux Cortès.

Bernardo Cobos, avocat, Valladolid.

Francisco Codera y Zaidin, membre de l'Académie royale espagnole et de l'Académie royale d'histoire.

Jaime Collell, archidiacre de la cathédrale et publiciste, Vich.

Ramon Coll y Rodes, professeur à la Faculté de droit de l'Université de Barcelone.

Rafael Conde y Luque, professeur de droit international et recteur de l'Université centrale de Madrid, membre de l'Académie royale des sciences morales et politiques, membre de l'Institut des réformes sociales.

Antonio Cordova, prêtre, collège de la Enseñanza, Logroño.

Léon Corral, professeur de la Faculté de médecine à l'Université de Valladolid.

Juan Francisco Correas Fernandez, prêtre, membre du Secrétariat national catholique agricole.

Emilio Corredor, chanoine de la cathédrale, Jaen.

Ramon Cortazar, architecte, Saint-Sébastien.

Fernando Cruzat y Prats, professeur de la Faculté de philosophie et lettres à l'Université de Grenade.

Juan de la Cruz Soler, ingénieur en chef de la Section agronomique, Alméria.

Enrique Cuello, avocat, Valence.

Dr. Federico Dalmau Gratacos, professeur de philosophie et secrétaire de l'Institut de Gerona.

Julian de Damas, avocat, Grenade.

J. Dasi, avocat et journaliste, Valence.

Juan Delclos, professeur de l'École supérieure et publiciste, Vich.

Juan Diaz Caneja, ancien député aux Cortès, avocat, Palencia.

Dr. Miguel de los Santos Diaz y Gomara, chanoine de l'église métropolitaine et professeur à l'École normale d'instituteurs, Saragosse.

José Diaz Gonzalez, rédacteur au journal *El Carbayon*, Oviedo.

Le Rév. Père Rodrigo Diez, dominicain, professeur de théologie au collège Saint-Dominique, Oviedo.

Ramon Diez del Corral, ingénieur, Valladolid.

Salvador Diez, Jerez.

Tomas Diez, banquier, Jerez.

4

José Maria Diez Crespo, docteur en médecine, professeur à l'Université de Valladolid.

Le Directeur de la Revue *Estudios Franciscanos*, couvent des pères Capucins, Sarria (Barcelona).

Nagel Disdier, gentilhomme de Sa Majesté, Malaga.

Mauricio Dominguez Adame, professeur à la Faculté de médecine de Séville.

Juan Dominguez Berrueta, professeur de l'Institut de Salamanque.

Bernabé Dorronsoro, doyen de la Faculté de pharmacie à l'Université de Grenade, membre de l'Académie royale des sciences.

Joaquin Dualde, professeur de droit civil à l'Université de Barcelone.

Le Duc de Durcal.

Luis de Echarri, licencié en droit, en philosophie et lettres.

Maria de Echarri, publiciste.

Felipe Eixarch Alberola, professeur de l'Institut de Figueras.

Eusebio Elorrieta, ingénieur du port d'Alméria.

Alberto Elosegui, avocat, San-Sebastian.

Ramon Elosegui, ingénieur, San-Sebastian.

Felice Escalas, professeur à la Faculté de droit de l'Université de Barcelone.

Emilio de Espada, San-Sebastian.

Modesto Espana, ingénieur en chef des Travaux publics, Grenade.

Juan B. Espedaler, directeur du Conservatoire municipal de musique, Vich.

Guillermo de Espona, avocat, Valence.

Manuel Esteban, avocat, ancien président de la Députation provinciale, Alméria.

Manuel Estévez Alvarez, curé de Berredo.

José Estrada, avocat et député aux Cortès, Malaga.

Magin Fabregas, professeur de la Faculté de droit à l'Université de Barcelone.

Dr. Hipolito Fairen, doyen et professeur de la Faculté de médecine à l'Université de Saragosse.

Santiago Félix, président de l'Union des syndicats ouvriers catholiques, Saragosse.

Carlos Fernandez, docteur en droit et en philosophie, Grenade.

Raimundo Fernandez Villaverde, député aux Cortès.

Dr. Pedro Ferrando Mas, professeur de la Faculté des sciences à l'Université de Saragosse.

Antonio Ferrer, docteur en médecine, Logroño.

Francisco Ferrer y Roda, bibliothécaire de l'Université de Saragosse.

Emilio Ferrer, architecte, Valence.

Le Marquis de Fiel Perez Calixto, Jerez.

Miguel Figueras, avocat et publiciste, Madrid.

Pedro Font y Puig, docteur en droit, professeur de philosophie à l'Université de Murcie.

Valentino Fondevila, professeur de l'École industrielle, Séville.

Ricardo Franco, artiste peintre, Séville.

Le Duc de Frias.

José de la Fuente Vidal, professeur de l'Institut de Salamanque.

Le Colonel J. de Fuentes-Bustilla, Madrid.

Isaac Galcéran, professeur d'économie politique à la Faculté de droit de l'Université d'Oviedo.

Artemio Garcia, avocat, Valence.

Jorge Garcia, avocat, notaire du prieuré des Quatre-Ordres militaires, Ciudad-Réal.

Maximo Garcia, rédacteur au journal *El Carbayon*, Oviedo.

José Maria Garcia Belenguer, avocat, Saragosse.

Antonio Garcia Boira, professeur à l'Université de Salamanque.

Eduardo Garcia del Real, professeur de la Faculté de médecine à l'Université de Valladolid.

Wenceslao Manuel Trinidad Garcia, docteur en droit canon, directeur de l'Académie hispano-américaine, Séville.

Arturo Garcia del Rio, notaire à Miranda-de-Ebro.

Luis Garcia de los Rios, docteur en droit, Madrid.

Rafael Garcia Duarte, professeur de la Faculté de médecine de l'Université de Grenade.

Felipe N. Garin, docteur ès sciences, Valence.

Dr. Juan Antonio Garro, vicaire général de l'évêché-prieuré des Ordres militaires, Ciudad-Réal.

Antonio Gaudi, architecte de l'église « La Sagrada Familia », Barcelone.

J. Ildefonso Gatell, prêtre, curé de la paroisse de Saint-Anne, Barcelone.

Marcelino Gavilan y Bofill, professeur à l'Université de Valladolid.

José Gaytan de Ayala, ingénieur, Saint-Sébastien.

Luis G. de Gestoso y Acosta, professeur de droit international à l'Université de Valence.

José Gestoso y Pérez, professeur à l'Ecole des beaux-arts de Séville, vice-directeur de l'Académie royale des belles-lettres de Séville.

Vicente Maria de Gibert, professeur à l'Orphéon catalan, publiciste, Barcelone.

José Maria Gich, professeur à la Faculté de droit de l'Université de Barcelone.

L. Gimenez, avocat, Valence.

Manuel Gisbert Rico, avocat, Valence.

José Godoy, directeur du journal *El Dia,* Alméria.

Isidro Goma Tomas, chanoine de l'église métropolitaine, Tarragone.

Diego Gomez, chanoine doctoral, Malaga.

Dr. Manuel Gomez Adanza, doyen du chapitre de la cathédrale de Santander.

Joaquin Gomez de Barreda, banquier, Valence.

Ricardo Gomez Contreras, avocat, Grenade.

Emilio Gomez Diez, avocat, député provincial, ancien maire, Valladolid.

Mariano Gomez y Gonzalez, professeur de droit public à l'Université de Valence.

Roberto Gomez Igual, professeur à l'Université de Valence.

ALBERTO GOMEZ IZQUIERDO, professeur de la Faculté de philosophie et lettres à l'Université de Grenade, membre correspondant de l'Académie royale des sciences morales et politiques.

LUIS GOMIS, prêtre, secrétaire du Conseil diocésain d'action catholique, professeur de religion aux Écoles normales, Barcelone.

DR. MANUEL DE GONGORA, bibliothécaire et professeur à l'Université de Grenade.

FRANCISCO DE PAULA GONGORA Y DEL CARPIO, professeur de la Faculté de philosophie et lettres à l'Université, directeur du musée archéologique, membre de l'Académie royale des beaux-arts de Grenade, membre correspondant de l'Académie royale d'histoire.

ANGEL GONZALEZ DE LA SERNA, publiciste, Grenade.

ANTONIO GONZALEZ ARNAO, ingénieur, Valladolid.

PEDRO GONZALEZ, Jerez.

SALVADOR GONZALEZ, ingénieur de mines, Valence.

FRANCISCO GONZALEZ ROJAS, avocat, membre de l'Institut de réformes sociales et de l'Institut national de prévoyance, Madrid.

Sérapio Gonzalez Mato, avocat, Allariz.

José R. de Gordejuela, président du Syndicat des employés du commerce et de l'industrie, Saragosse.

Alfonso Grosso, artiste peintre, Séville.

Dr. Santiago Guallar, chanoine de l'église métropolitaine et membre du conseil du Cercle catholique d'ouvriers, Saragosse.

Eduardo de la Guardia, député provincial et avocat, Grenade.

José Gudiol y Cunill, conservateur du musée archéologique épiscopal, Vich.

Le Comte de Guell, membre de l'Académie des beaux-arts de Barcelone.

Antonio Guillén R. de Cepeda, avocat, Valence.

Angel Guimera, homme de lettres, Barcelone.

José M. Guirao, avocat et publiciste, Barcelone.

Luis Guttiérez Lopez, avocat, Valladolid.

Dr. Luis Heintz, directeur du collège de Notre-Dame del Pilar, Madrid.

J. Hernaez, avocat, Logroño.

Antonio Herreira, docteur en médecine à Grenade.

Nicanor Herrero, avocat à Logroño.

D.-C.-J. Hevia, directeur de l'enregistrement de Miranda-de-Ebro.

Juan de Hinojosa, publiciste.

Amalio Huarte, archiviste, professeur à l'Université de Salamanque.

R. P. Ataulfo Huertas Medina, professeur de philosophie, Grenade.

Manuel Ibanez Campoy, professeur à la Faculté de médecine de l'Université de Grenade.

José M. Ibarra, bibliothécaire de l'Université de Valence.

Eduardo Ibarra Rodriguez, professeur de la Faculté de philosophie à l'Université centrale, professeur de l'Académie universitaire catholique, membre correspondant de l'Académie royale d'histoire.

Francisco Iniguez, professeur de l'Université centrale de Madrid, directeur de l'Observatoire astronomique.

Juan B. Insua, curé de Buno.

Antonio Ipiens Lacasa, professeur de l'Université de Murcie.

Dr. Juan B. Iranzo, professeur de l'Université de Saragosse et président de l'Académie royale de médecine.

José Jiménez, licencié en sciences, Valence.

Mariano Jiménez, curé de Pelahustan.

Manuel Jiménez Catalan, directeur de la bibliothèque de l'Université de Saragosse.

Inocencio Jiménez y Vicente, professeur de droit pénal à l'Université de Saragosse.

Juan Aguilar Jiménez, chanoine doctoral de Madrid.

Francisco Jornet, San-Sebastian.

Francisco Jover y Tovar, ancien député aux Cortès, ancien maire et archiviste de la ville d'Alméria.

Eulogio Laco é Itoiz, curé d'Elcoar.

Carlos Lacome, professeur de l'Institut général et technique de Valladolid.

Francisco de Laiglesia, gouverneur de la Banque hypothécaire d'Espagne, membre de l'Académie royale d'histoire.

Manuel Labajo, professeur de l'Institut général de Valladolid.

Gabriel Maria de Laffite, avocat, adjoint au maire de San-Sebastian.

José Clemente Lamuela, avocat et publiciste, Valence.

Emilio Langle, avocat, publiciste, Alméria.

Juan Francisco de Larrauri, bibliothécaire de l'Université de Salamanque.

Manuel de Lasala Llanas, professeur de

droit international à l'Université de Saragosse.

José Laspra, avocat, Oviedo.

Manuel Laspra Solis, avocat, Oviedo.

José Latre, publiciste, membre du Secrétariat national catholique agricole, Saragosse.

Domingo Lazaro, directeur du collège catholique de Santa-Maria de Saint-Sébastien.

Francisco J. Lobo, professeur, Valence.

Manuel Lopez y Anaya, auditeur du tribunal de la Rote.

Manuel Lopez de la Camara, président de la Chambre de commerce de Grenade.

Luis Lopez Doriga, chanoine de l'église métropolitaine de Grenade.

Francisco Lopez Fando, docteur en médecine à Tolède.

Leopoldo Lopez Garcia, professeur de la Faculté de médecine à l'Université de Valladolid.

Francisco Lopez Luque, ingénieur agricole, Grenade.

Alvaro Lopez Nunez, secrétaire général de l'Institut national de prévoyance.

Ramon Lopez Prieto, professeur de la Faculté de médecine à l'Université de Valladolid.

José Lopez de Rueda, professeur de droit romain à l'Université de Séville.

Federico Lopez Valencia, de l'Institut national de prévoyance.

Torcuato Luca de Tena, sénateur, directeur du journal l'*A. B. C.*, Madrid.

Julio de la Llana Hernandez, curé de Retortillo.

Luis Manglano, baron de Llauri, Valence.

Atanasio Lléo Agramunt, professeur, Valence.

José Llimona, sculpteur, Barcelone.

Juan Llimona y Bruguera, artiste peintre, membre de l'Académie des beaux-arts de Barcelone.

Rafael Pascual Llorèns, ingénieur, Valence.

Justo Macaza Laquidein, prêtre, à Aldeba.

Alberto Machimbarrena, ingénieur, Saint-Sébastien.

Sebastian Machimbarrena, avocat, Saint-Sébastien.

Dr. Alfonso Macias, ancien élève de l'Université de Louvain, professeur de philosophie morale au séminaire pontifical de Salamanque.

Le Vicomte de Mamblas, Madrid.

Joaquin Manglano, avocat, Valence.

Dr. José de la Mano, chanoine, professeur au séminaire pontifical de Salamanque.

Miguel Mantecon, ingénieur en chef des Travaux publics de la province de Saragosse.

R. P. Ruperto Maria de Manresa, capucin, membre de l'Académie de la religion catholique de Rome et de la Royale Académie des belles-lettres de Barcelone.

Emilio Marti Alonso, avocat, Valence.

Manuel Marti, professeur de l'Institut général et technique de Valence.

Oriol Marti y Balles, docteur en droit, Barcelone.

Miguel Marti Beya, avocat et notaire, Barcelone.

Vicente Marti Ortells, professeur à la Faculté des sciences de l'Université de Valence.

Leopoldo Marti de Veses y Vives, Valence.

Dr. Francisco Martinez, professeur de philosophie, Madrid.

Pedro Martinez, professeur de littérature, Madrid.

José Martinez de Federico, docteur en droit, Grenade.

Baldomero Martinez de Tejeda, ancien député aux Cortès, Madrid.

Manuel Martinez Caso-Lopez, curé d'Otanes, membre correspondant de l'Académie royale d'histoire.

Francisco Martinez Vazquez, avocat, Alméria.

Cesareo Martinez, professeur à l'Institut général et technique de Valladolid.

Arturo Martos de la Fuente, ingénieur, Grenade.

Francisco Masia, député aux Cortès.

Francisco de P. Masia, avocat et professeur à l'Institut général et technique de Gerona.

Ramon Manrell y Lopez, chef de l'administration civile, Grenade.

Francisco Matheu, président des Jeux floraux, membre de l'Académie de la langue catalane, Barcelone.

Virgilio Mattoni, artiste peintre, Séville.

José Mayas de Meer, avocat.

Pablo Mélendez, avocat, Valence.

Manuel Melgarejo y Escario, avocat, homme de lettres, Murcie.

Antonio Melian, ingénieur en chef des Mines, Alméria.

Francisco Mendiluce y Echeverria, Saint-Sébastien.

PASCUAL MENEU Y MENEU, professeur de la Faculté de philosophie et lettres à l'Université de Salamanque.

RAFAEL MERRY DEL VAL, ancien ministre d'Espagne à Bruxelles, ancien ambassadeur à Vienne et près le Saint-Siège.

JUAN PEDRO MESA DE LÉON, directeur du journal *La Gaceta del Sur,* Grenade.

ZACARIAS METOLA, chanoine, Santo-Domingo de la Calzada.

LUIS MILLET, directeur de l'Orphéon catalan, Barcelone.

POLICARPO MINGOTE, directeur de l'Institut général et technique de Valladolid.

SALVADOR MINGUIJON, professeur de la Faculté de droit à l'Université de Saragosse.

RAMON MIGUEL Y PLANAS, membre de l'Académie royale des belles-lettres de Barcelone.

JOAQUIN MIRET Y SANS, membre de l'Académie royale des belles-lettres et membre de l'Institut d'études catalanes, Barcelone.

JOSÉ MIRO Y MATEO, professeur de l'École des arts et industries, Jerez.

ERNESTO MOLINE Y BRASES, avocat, membre de l'Académie royale des belles-lettres de Barcelone et de l'Académie de la langue catalane.

J. Antonio Mompo, banquier, Valence.

Antonio Monedero, président de la Fédération catholique agricole de Palencia.

José Monegal, sénateur.

Andrès de Montes, avocat, Grenade.

R. P. Jeronimo Montes, religieux augustin, professeur de l'Université de l'Escurial.

Mariano Montobbio, ingénieur, président de l'Hospitalité du pèlerinage diocésain de Barcelone à Notre-Dame de Lourdes.

Le Comte de Montornès, docteur ès sciences physiques et chimiques, Valence.

Le Comte de Mora.

Francisco Mora, architecte, Valence.

Juan Francisco Moran, chanoine de Madrid.

Alberto Moreno, docteur en médecine et chirurgie, Grenade.

Javier Moreno, prêtre et publiciste, rédacteur au journal *El Castellano*, de Tolède, San Martin de Montalban (Toledo).

Dr. Sébastian Muriana, chanoine de la cathédrale, Jaën.

Tomas Munoz Lucena, professeur de l'Institut, Grenade.

Marquis de Negron, président de la Députation provinciale, Cadix.

Francisco de P. Noguès Adam, professeur à la Faculté de droit de l'Université de Valence.

Dr. Joaquin Novella, avocat et professeur de l'Institut de Gerona.

Pedro Nubiola, membre de l'Académie royale de médecine de Barcelone.

Victoriano Nuno Beato, professeur de philosophie à l'Institut de Salamanque.

Gil Nuno de Robledal, homme de lettres, Oviedo.

Alvaro Olea Pimentel, avocat, président honoraire de l'Ateneo, Valladolid.

Le Marquis de Olerdola, maire de Barcelone.

R. P. Rafael Oliver, des Ecoles pies, licencié en philosophie et lettres de l'Université de Barcelone.

Miguel de los Santos Oliver, publiciste, directeur du journal *La Vanguardia*, membre correspondant de l'Académie royale d'histoire, membre de l'Académie des beaux-arts de Barcelone.

S. Oliveras, président de la Députation provinciale de Grenade.

Narciso Oller, homme de lettres, Barcelone.

Federico de Onis, professeur de la Faculté de

philosophie et lettres à l'Université de Salamanque.

Le Comte de Oropesa, commandant de cavalerie en retraite, Madrid.

Luis N. Ortiz, avocat, Santa-Fé.

Guillermo J. de Osma, ancien ministre de la Couronne, membre du Conseil d'Etat, membre de l'Académie des sciences morales et politiques et de l'Académie royale des beaux-arts de San-Fernando, Madrid.

Gabriel Palmer, prêtre, membre de l'Académie royale de jurisprudence.

Basileo Paraiso, président de la Chambre de commerce de Saragosse.

La Comtesse de Pardo Bazan, professeur à la Faculté de philosophie et lettres de l'Université centrale de Madrid, membre du conseil de l'Instruction publique.

Miguel Maria de Pareja, avocat, Grenade.

Cosme Parpal y Marquès, professeur de la Faculté de philosophie et lettres à l'Université de Barcelone, membre de l'Académie royale des belles-lettres.

Dr. Rafael Pastor, professeur de la Faculté de médecine et recteur de l'Université de Valence.

Dr. Antonio Peguera, curé d'Alcampel.

Agustin Peinado, chanoine de la cathédrale, secrétaire de l'Evêque, Salamanque.

Francisco Garcia Peinado, avocat, Alméria.

Teodoro Pena Fernandez, doyen de la Faculté de droit à l'Université de Séville.

Le Comte de Pena Ramiro, député aux Cortès.

Le Duc de Penaranda, Madrid.

Gregorio de Pereda Ugarte, professeur de l'Université de Valence.

Fidel Pérez Minguez, directeur de la revue *Revista general de Enseñanza.*

Miguel Perez Molina, directeur de l'Académie générale d'enseignement, Ciudad-Réal.

Dr. Luciano Pérez Platero, chanoine doctoral, San-Domingo de la Calzada.

Émilio Pérez Remon, chanoine magistral, Santo-Domingo de la Calzada.

Miguel Pérez, procureur des tribunaux, Valence.

Le Marquis de Pidal, député aux Cortès.

Le Comte de Pié de Concha, ancien ambassadeur de S. M. Catholique.

R. P. Ramon Piera Mauri, recteur du collège royal de Notre-Dame des Écoles pies, Barcelone.

José M. Pinedo; avocat, Logroño.

José Pinelo, artiste peintre, Séville.

José Pin y Soler, membre de l'Académie des belles-lettres, Barcelone.

Juan Planas y Escubos, ingénieur, Madrid.

Dr. José M. Plans, professeur de la Faculté de sciences à l'Université de Saragosse, membre de l'Académie royale des sciences.

Enrique Pla y Deniel, chanoine de la cathédrale, président du conseil diocésain d'action catholique, directeur de la revue *Resena Eclesiastica*, Barcelone.

Narciso Pla y Deniel, docteur en droit, ancien vice-président de l'Académie de jurisprudence de Barcelone.

Le Marquis de Pons, Madrid.

Le Marquis de Portago, sénateur.

Ramon Priéto Bances, professeur à l'Université d'Oviedo.

Augustin Prior, chanoine, Santo-Domingo de la Calzada.

Candido de la Puente, directeur du collège de Calatrava, Salamanque.

José Manuel de la Puente Tinjano, docteur en droit, membre de l'Académie royale de jurisprudence et de législation.

José Puig Boronat, professeur de la Faculté de philosophie et lettres à l'Université de Valence.

José de la Quintana, San-Sebastian.

José de Quinones, Alméria.

Le Marquis de Quiros, gentilhomme de Sa Majesté.

Federico Rahola, sénateur, membre de l'Académie de la langue catalane, Barcelone.

Pedro Rahola y Molinas, sénateur, Barcelone.

Emilio Ramos Boix, professeur de l'École industrielle de Séville.

Tomas Redondo y Dias, chanoine, professeur de religion à l'Institut de Salamanque.

Tomas Rein, banquier, Malaga.

Prudencio Requejo Alonso, professeur de la Faculté de droit à l'Université de Salamanque.

Agustin Remado, archidiacre, secrétaire de l'évêché de Salamanque.

Antonio Rey Soto, prêtre et homme de lettres, Orense.

Mariano Reymundo, professeur de l'Institut de Salamanque.

Mariano Rivera Canizares, avocat, Valence.

Julian Ribera y Tarrago, professeur de la Faculté de philosophie et lettres à l'Université centrale de Madrid, membre de l'Académie royale d'Espagne et de l'Académie royale d'histoire.

José Rivera, docteur en médecine et chirurgie, Grenade.

Antonio Rico, ingénieur, Grenade.

Joaquin Rico, Valence.

Cecilio del Rio, avocat, Ciudad-Réal.

Joaquin Rivero, camérier secret de Sa Sainteté, Jerez.

José Maria Roca, président de l'Ateneo, Barcelone.

José Roda Rodriguez, avocat, Alméria.

Leonardo Rodriguez, député aux Cortès.

Le R. P. Teodoro Rodriguez, recteur de l'Université de l'Escurial.

M. Rodriguez Avila, professeur à l'Université de Grenade.

Rafael Rodriguez de Cepeda, professeur de droit naturel à l'Université de Valence, docteur *honoris causa* de l'Université catholique de Louvain.

José Rodriguez Spiteri, ingénieur en chef des Travaux publics de la province de Malaga.

José Maria Rogelio Jové y Bravo, professeur de droit public à l'Université d'Oviedo.

R. P. Casiano Rojo, bénédictin, maître de chapelle à l'abbaye de Santo-Domingo de Silos.

Luis Roldan Trapaga, avocat, Valladolid.

LE COMTE DE ROMILLA.

CARLOS DE ROMREE Y PAULIN, COMTE DE ROMREE, Valence.

JOAQUIN ROS GOMEZ, professeur de droit romain à l'Université de Valence.

DR. RICARDO ROYO VILLANOVA, sénateur, professeur de la Faculté de médecine et recteur de l'Université de Saragosse, président de l'Ateneo.

SANTIAGO FÉLIX RUBIO, président de l'Union des Syndicats ouvriers catholiques de Saragosse.

ANTONIO RUBIO Y LLUCH, professeur de la Faculté de philosophie et lettres à l'Université de Barcelone, membre correspondant de l'Académie royale espagnole, membre de l'Académie des beaux-arts.

EDUARDO RUBIO DE MEDINA, avocat, Valladolid.

GUILLERMO RUEDA, directeur du journal *La Cronica Meridional,* Alméria.

BLASA RUIZ, professeur à l'École normale d'institutrices de Tolède.

PEDRO RUIZ DE AZUA, professeur de sciences, Madrid.

ALBERTO RUSINOL, député aux Cortès, Barcelone.

JOSÉ RUSINOL, Barcelone.

Félix Saenz Calvo, sénateur.

Policarpo Sagasta, maire d'Uriz de Arce.

Jaime Sagrera, professeur à l'Institut de Gerona.

Ramon Sala, ingénieur, vice-président de l'hospitalité du pèlerinage diocésain de Barcelone à Notre-Dame de Lourdes.

Leopoldo de Salas, marquis de Guiriol, ingénieur et avocat, Malaga.

Angel Salcedo Ruiz, membre de l'Académie des sciences morales et politiques, Madrid.

Salvador Salom Antequera, professeur à l'Université de Valence.

Adolfo Sanchez, chanoine de la cathédrale, Jaën.

Mariano Sanchez, professeur de la Faculté de médecine à l'Université de Valladolid.

Santos Sanchez, maire de Pedroso del Rey.

Dr. Saturnino Sanchez de la Nieta, doyen de la cathédrale, Jaën.

J. Sanchez Diezma, professeur de droit administratif à l'Université de Barcelone.

Valentin Sancho, avocat, Valence.

Pedro Sangro y Ros de Olano, avocat et publiciste, Madrid.

Le Baron de Santa Barbara, Valence.

Le Marquis de Santa-Cruz, député aux Cortès.

Juan José Santa-Cruz, ingénieur, Grenade.
Federico Santánder, avocat, Valladolid.
Le Comte de Sant Llorens del Munt, Barcelone.
Fermin San Martin, avocat, Santo-Domingo, de la Calzada.
Francisco Munos, comte de Santa Olalla, Cacérès.
Le Marquis de Santo-Domingo.
Le Duc de Santona.
Dr. Ambrosio Sanz, professeur au grand séminaire de Ciudad-Réal.
Leopoldo Sanz, inspecteur d'instruction publique, San-Sebastian.
Eduardo Sanz y Escartin, secrétaire perpétuel de l'Académie royale des sciences morales et politiques, sénateur, membre du Conseil de l'Instruction publique.
Manuel Sanz Rodriguez de Cepeda, avocat, Valence.
Luis Sego de Lucena, homme de lettres, Grenade.
Fadrique Alvarez de Toledo, comte de Sclafani, capitaine d'artillerie en retraite, Madrid.
José Manuel Ségura, professeur de droit romain à l'Université de Grenade et pré-

sident de l'Académie royale des beaux-arts.

Jaime Serra, professeur de la Faculté de philosophie et lettres à l'Université de Barcelone.

Mariano Serra y Esturi, chanoine, professeur du séminaire de Vich.

Manuel Serrano y Sanz, professeur de la Faculté de philosophie et lettres à l'Université de Saragosse, membre de l'Académie royale des beaux-arts.

Mauro Serret y Miret, ingénieur, Madrid.

Le Comte de Sert, Barcelone.

Graciano Silvan, professeur de la Faculté de sciences à l'Université de Saragosse.

J. Simancas Senan, docteur en médecine et chirurgie, Grenade.

Dr. Juan Sole y Pla, membre de l'Académie de médecine, Barcelone.

Rufino Sorbet y Goni, curé d'Uriz de Arce.

F. Soto, avocat, Valence.

Luis Gil Sumbiela, journaliste et professeur, Valence.

Dr. José Taboada Tundidor, professeur à l'Université de Grenade.

Le Duc de Tarancon.

Rafael Tarin, professeur à l'Université de Valence.

Lorenzo de Tejada, San-Sebastian.

Federico Terol, avocat, Valence.

Joaquin J. Thous, avocat, Valence.

Joaquin Sanchez de Toca, ancien ministre de la Couronne, ancien président du Sénat, membre de l'Académie royale des sciences morales et politiques, membre de l'Institut de réformes sociales.

Dr. Manuel de Tolosa-Latour, secrétaire général du Conseil supérieur de Protection de l'Enfance, membre de l'Académie royale de médecine, Madrid.

Norberto Torcal, directeur de la *Presse Associée*.

Le Comte de Torrejon, sénateur.

Pablo Torrents, docteur en médecine, Barcelone.

Dr. Manuel de los Reyes de Torres y Cobo, doctoral de la cathédrale, Jaën.

Manuel Torres Campos, professeur de droit international à l'Université de Grenade, membre de l'Institut de droit international.

Diégo Tortosa, chanoine de la cathédrale de Madrid.

Leopoldo Trenor, docteur en droit, Valence.

Enrique Trenor Despujols, Valence.

Antonio Garcia Trevijano, doyen du collège des Notaires, député provincial, Grenade.

JOSÉ MARIA TRIAS, professeur de droit international de l'Université de Barcelone.

CARLOS DE UHAGON, ancien maire de Saint-Sébastien, avocat.

SATURNINO ULARGUI, architecte, Saint-Sébastien.

FRANCISCO JAVIER DE CASTEJON Y ELIO, MARQUIS DEL VADILLO, sénateur, ancien ministre de la Couronne, professeur de droit naturel à l'Université centrale de Madrid, membre de l'Académie royale des sciences morales et politiques.

LE MARQUIS DE VALDEIGLESIAS, sénateur et directeur du journal *La Epoca*, Madrid.

LE COMTE DEL VALLE DE SAN JUAN, avocat.

DR. MIGUEL DEL VALLE GONZALEZ, curé, Madrid.

JACOBO VARELA, professeur de droit, Madrid.

JOSÉ VARIQUEZ DEL VALLE, docteur en médecine, Madrid.

ENRIQUE VASQUEZ CAMARASA, chanoine magistral, Madrid.

DR. JERONIMO VECINO, professeur de la Faculté de sciences à l'Université de Saragosse, membre de l'Académie des sciences.

RAMON VELASCO PAJARES, professeur de la

Faculté de philosophie et lettres à l'Université de Valence.

José Maria Ventura Pallas, professeur de la Faculté de philosophie et lettres à l'Universisé de Valence.

José Ventura Traveset, professeur de la Faculté de philosophie et lettres à l'Université de Valence.

José Viche, avocat, Valence.

Pablo Vidal, chef de la section administrative de l'enseignement, Ciudad-Réal.

José Vidaurre, ingénieur-chimiste, San-Sebastian.

Juan Vilanova y March, de la Chambre de commerce de Barcelone.

Miguel Vilatimo, professeur de philosophie au Séminaire de Vich.

Emilio de Villa Ceballos, avocat, attaché à l'Institut des réformes sociales, Madrid.

Le Père Luis Villalba Munoz, religieux augustin, professeur à l'Escurial, directeur de la revue *La Ciudad de Dios*.

Ignacio Villalonga, docteur en droit, Valence.

Le Marquis de Villamejor.

Dr. Juan Villaverde, abbé de la cathédrale de Santo-Domingo de la Cabrada.

José Villegas y Cordero, directeur du Musée national de peinture du Prado, Madrid.

Alvaro Villota, ingénieur, Madrid.

Isidoro de Villota y Presilla, docteur en droit, Madrid.

Le Comte de la Vinaza, sénateur, membre de l'Académie royale espagnole et de l'Académie d'histoire, ancien ambassadeur près du Saint-Siège.

Le Marquis de Zahara, membre du conseil de l'Institut national de prévoyance.

José Zambrano, curé de Santa-Fé.

Juan Zaneliana, Valence.

Dr. Juan Zaragueta, prêtre, professeur de philosophie et publiciste.

TROISIÈME PARTIE

APPRÉCIATIONS ET POLÉMIQUES

MANŒUVRES ALLEMANDES

CHAPITRE PREMIER

JUGEMENTS DE LA PRESSE ALLIÉE

Le Manifeste fut reproduit intégralement par quelques journaux. Beaucoup d'autres en publièrent un résumé et des extraits. On trouvera ci-après, groupées par pays, un certain nombre d'appréciations.

§ 1er. — *En France.*

Le Temps. Paris, 18 juillet 1916 :

« Une « Adresse à la Belgique », rédigée le 3 mai et signée depuis lors par une élite de cinq cents catholiques espagnols, a été remise récemment à Mgr Deploige pour être déposée dans les archives de la bibliothèque reconstituée de l'Université catholique de Louvain.

« Le texte de l'Adresse vient d'être publié en brochure à Madrid avec la liste des premiers signataires. C'est un document de la plus haute importance, peut-être le plus remarquable qui ait paru en pays neutre depuis le commencement de la guerre.

« Les catholiques espagnols réprouvent d'abord les doctrines de guerre et les théories de terrorisme préconisées par les autorités militaires allemandes...

« Vient ensuite l'énumération des atrocités commises en Belgique par les troupes du Kaiser...

« Reprenant la proposition faite par les évêques belges, les signataires de l'adresse se disent unanimes à réclamer une enquête internationale sur les crimes des Allemands...

« Les catholiques d'Espagne expriment enfin des sentiments d'admiration à la Belgique et des vœux qu'on n'avait pas encore formulés avec cette netteté en aucun pays neutre...

« La liste des signataires comprend les noms d'anciens ministres tels que Guillermo de Osma et le marquis de Vadillo; — d'anciens ambassadeurs : le comte Pie de Concha, le comte de La Vinaza, Rafael Merry del Val; — de grands d'Espagne : le duc d'Albe, le duc de Baena, le duc de Frias, le marquis de Castromonte, le marquis de Portago, le marquis de Santa-Cruz, le comte de Oropesa, le comte de Toréjon; — de religieux (augustins, bénédictins, dominicains, capucins, frères des écoles pies) et ecclésiastiques; — d'artistes et d'écrivains : la comtesse de Pardo Bazan, les frères Bilbao, l'architecte Antonio Gaudi, les frères Llimona, Virgilio Mattoni, Luis Millet, José Villegas, directeur du musée du Prado, le père Antolin, directeur de la bibliothèque royale de l'Escurial; — de journalistes : Rufino Blanco, directeur de *El Universo* de Madrid, Luca de Tena, directeur de l'*A B C* de Madrid, le sénateur marquis de Valdeiglesias, directeur de la *Epoca* de Madrid, Miguel Santos Oliver, directeur de la *Vanguardia* de Barcelone; — de personnalités très connues : l'abbé Miguel Asin Palacios, Severino Aznar, Francisco Codera y Zaidin, le comte de Guell, Francisco de Laiglesia, Salvador Minguijon, le comte de Montornès, le marquis de Olerdola, maire de Barcelone, Rafael Rodriguez de Cepeda, le docteur Manuel de Tolosa Latour, Alvaro Lopez Nunez, Eduardo Sanz y Escartin, Basilio Paraiso, Francisco Iniguez; — de sénateurs, députés, ingénieurs, avocats; — d'une quarantaine de membres des grandes académies : académie royale d'Espagne, académie des sciences morales et politiques, académie d'histoire; — de plus de quatre-vingts professeurs d'université parmi lesquels cinq professeurs de droit international et les recteurs des universités de Madrid, de Saragosse, de l'Escurial et de Valence. »

Le Journal. Paris, 18 juillet 1916 :

« Un groupe très important de catholiques espagnols fort connus vient de couvrir de plus de cinq cents signatures une « Adresse à la Belgique », qui apporte à notre alliée le chaleureux réconfort d'une sympathie nouvelle très énergiquement affirmée. »

Le Petit Parisien. Paris, 18 juillet 1916 :

« Les catholiques espagnols, signataires de l'Adresse, réprouvent d'abord les théories de terrorisation préconisées par les autorités militaires allemandes et leur opposent les principes de la morale chrétienne.

« Puis ils énumèrent les atrocités commises en Belgique par les troupes du Kaiser. Et — reprenant la proposition faite par les évêques belges — ils réclament une enquête internationale sur les crimes des Allemands.

« Ils rappellent ensuite que le Pape a condamné comme une injustice sans excuse la violation de la Belgique et ils adhèrent sans réserve au jugement du Pape.

« Ils expriment enfin leur admiration à la Belgique et font des vœux pour qu'elle soit pleinement indemnisée et restaurée dans son indépendance et sa souveraineté. »

Le Figaro. Paris, 18 juillet 1916 :

« Le Manifeste, de très noble allure, s'inspire des sentiments les plus élevés et de la doctrine catholique la plus pure.

« Ce document, par lequel une élite de nos coreligionnaires et amis espagnols ont, nonobstant l'officielle neutralité de leur nation, délivré leur âme, nous est un précieux réconfort. Ses signataires ont bien servi, en même temps que la cause du droit, celle de l'Espagne elle-même. »

La Croix. Paris, 18 juillet 1916 :

« La démarche de cette élite des catholiques espagnols mérite d'être signalée. Ils se sont souvenus que le droit des gens est, historiquement, une conquête de l'Eglise catholique sur la barbarie, et ils défendent contre l'agression brutale de l'Allemagne ce capital moral de l'humanité civilisée. Leur geste courageux et opportun les honore plus encore qu'il ne sert la Belgique. La Providence et le canon décideront du sort de celle-ci. Mais il ne sera plus dit désormais que dans la chevaleresque Espagne les catholiques ont laissé violer le droit sans protester ni qu'ils sont restés indifférents au martyre d'un petit peuple héroïque. »

Le Radical. Paris, 19 juillet 1916 :

« Des catholiques espagnols ont tenu à proclamer que la cause de la Belgique leur était chère et qu'ils ne se prosternaient pas devant la force. Leur Adresse à la Belgique est tout à fait remarquable par la vigueur et la liberté d'appréciation de ses signataires. Il y a décidément quelque chose de changé. L'éclatante protestation qui retentit tout à coup sur le monde catholique libère bien des consciences inquiètes.

« Et quand on lit le nom de ceux qui voulurent que leur nom figurât au bas de l'Adresse, l'impression s'en trouve encore accrue. Ce sont, en effet, les noms d'hommes qui ont participé aux honneurs et aux responsabilités du gouvernement de leur pays, ou bien qui représentent les lettres, les arts, la science et le journalisme. Plus de quarante membres des Académies ont signé; plus de quatre-vingts professeurs d'Université. A côté d'eux figurent d'anciens ministres, des grands d'Espagne, d'anciens ambassadeurs...

« Les catholiques espagnols protestent d'abord contre les abominables théories du manuel *Kriegsbrauch im Landkriege*, où l'état-major allemand a préconisé la « tradition « héréditaire » de la race germanique, c'est-à-dire un maximum de violence et de terreur... Ils rappellent que le Pape, le 22 janvier 1915, a condamné comme une injustice la violation de la Belgique, et ils déclarent se rallier sans réserve au jugement du Pape... Enfin ils réclament une enquête et la « réparation complète » des maux dont la Belgique a souffert, ainsi que la « restauration intégrale de sa na- « tionalité indépendante ».

« A la bonne heure! Bien que la plupart des signataires de l'Adresse à la Belgique n'aiment guère la République française, nous pouvons dire aujourd'hui sur ce point : « Il « n'y a plus de Pyrénées. »

La Libre Parole. Paris, 23 juillet 1916 :

« Le document vaut tant par la netteté et la vigueur de sa protestation que par la qualité et l'autorité de ses signataires. Il est, on ne saurait trop l'affirmer, d'une haute signification. Sa portée sera considérable. Je ne doute pas que ce ne soit là une nouvelle et sérieuse brèche pratiquée dans la citadelle germanophile de l'Espagne.

« La propagande allemande s'était efforcée, avec un soin tout particulier, de persuader aux catholiques espagnols que ce qu'on avait raconté au sujet des atrocités et des violences commises en Belgique par les armées du Kaiser était pur mensonge, ajoutant avec perfidie que d'ailleurs les gens qui avaient élevé une statue à Ferrer n'étaient pas aussi intéressants qu'on voulait bien le dire... Enfin les Allemands ont employé tous les arguments possibles pour justifier en Espagne la violation de la Belgique. A cette abominable campagne nos amis d'Espagne répondent. L'Adresse des cinq cents précise les griefs, lance une protestation indignée et condamne sans rémission... C'est un magistral soufflet appliqué sur la joue du Kaiser, qui s'est donné comme le défenseur du catholicisme. Le Manifeste des catholiques espagnols fera cesser dans la Péninsule toute équivoque; aujourd'hui, là-bas, on ne peut plus se dire honnête homme et, à plus forte raison catholique, si on défend la cause allemande qu'on vient de condamner aussi publiquement et avec une telle autorité.

« Mais les catholiques espagnols vont plus loin : ils déclarent réclamer avec instance une enquête internationale sur les crimes de l'Allemagne... Il s'agit donc de poursuivre les criminels et de punir, comme elles le méritent, leurs infamies. Or, ceci ne doit pas nous laisser indifférents, car, après la guerre, lorsqu'il s'agira de réclamer des comptes aux bourreaux, il importera que les justiciers soient aussi nombreux que possible et qu'il y ait chez les neutres des citoyens s'associant à l'œuvre de réparation et de justice entreprise par les Alliés.

« C'est avec le plus grand plaisir que nous relevons sur la liste des catholiques qui ont signé l'Adresse vengeresse les plus grands noms d'Espagne.

« Au bas de l'Adresse, il y a des noms non moins importants ni non moins significatifs que ceux des grands seigneurs espagnols...

De nombreux religieux, appartenant aux ordres des Augustins, Bénédictins, Dominicains, Capucins et Frères des écoles pies ont signé l'Adresse... On ne prétendra donc plus maintenant que les religieux espagnols sont tous acquis à la germanophilie, alors que les plus importants d'entre eux viennent d'élever la voix en faveur de la vaillante Belgique et réclamer un châtiment pour ses bourreaux.

« (S.) André Mévil. »

Le Correspondant. Paris, 10 août 1916, page 574 :

« La rédaction du Manifeste est très mesurée et fort habile dans sa stricte précision. Aucune issue n'est laissée aux solliciteurs de textes... Ce document important fait honneur au sentiment de solidarité des catholiques espagnols et à leur zèle pour la précision juridique. »

Les Études. Paris, 5 octobre 1916, page 131 :

« *A la Belgique. Manifeste des catholiques espagnols*. Paris, Plon, 1916. In-8, 32 pages. — Cet opuscule offre une excellente traduction française du Manifeste célèbre publié, le

3 mai 1916, par un groupe imposant de catholiques espagnols en faveur de la Belgique. Document insigne par la grave maturité des considérants, la sérénité du ton, le souci de la plus stricte neutralité. En dépit, ou plutôt à cause de cela, la condamnation motivée de la violation du territoire belge par l'Empire allemand, le rappel du verdict de S. S. Benoît XV, l'éloge sobre et magnifique de la Belgique, champion du droit et de l'honneur, tout enfin, dans cette brève déclaration, porte coup, emporte pièce, commande l'attention et le respect. On ne saurait trop le répandre. La liste des signataires n'est pas moins digne de considération. Si l'on fait abstraction des actes pontificaux, on peut dire qu'aucun document, provenant des catholiques des pays neutres, n'égale encore celui-ci en importance.

« Léonce de Grandmaison. »

§ 2. — *En Angleterre.*

The Times. Londres, 22 juillet 1916 (lettre de son correspondant de Madrid, en date du 7 juillet) :

« Il vient d'être publié à Madrid un très remarquable Manifeste, intitulé : « Adresse des catholiques espagnols à la Belgique. » Le document a été remis entre les mains de Mgr Deploige pour être déposé plus tard dans les archives de l'Université catholique de Louvain.

« Le fond et la rédaction de l'Adresse, aussi bien que le caractère et la situation de ceux qui l'ont souscrite, en font la manifestation d'opinion la plus imposante qui se soit produite ici depuis le début de la guerre au sujet du traitement que les Allemands ont fait subir à la Belgique.

« Les signatures représentent l'élément distingué, influent et respecté du monde catholique espagnol, et — ce qui ajoute une signification spéciale au Manifeste — elles sont exclusivement recrutées dans des milieux qui se sont montrés persévéramment hostiles à la cause des Alliés.

« La réaction que ce Manifeste révèle s'être opérée dans l'opinion publique est très frappante. Pour une adresse de sympathie à l'Université de Louvain on n'était parvenu à réunir, en août 1915, que trente-neuf signatures dont quatre seulement de professeurs d'université. Et voici que paraît, moins d'une année après, cette Adresse des catholiques espagnols à la Belgique qui n'est pourtant le résultat ni d'une mission officielle ni d'une campagne de presse ou de conférences. C'est une manifestation spontanée, mais délibérément voulue de la conscience nationale, qui élève la voix pour la défense des éternels principes de justice et d'humanité. »

The Times. Londres, 22 juillet 1916 (article de fond, intitulé : « L'indomptable Belgique ») :

« Les catholiques d'Espagne ont été longtemps trompés au sujet de la Belgique. En aucun autre pays neutre la propagande allemande n'a été plus assidue et perfide. Maintenant elle en a pour son compte. Les signataires du Manifeste des catholiques espagnols ne nous laissent plus en douter : les écailles leur sont tombées des yeux. La signification de leur acte peut difficilement être exagérée. Ils viennent faire, en d'autres termes, écho au message adressé par M. Asquith au peuple belge, et ils y ajoutent leur plus fervent souhait pour que la Belgique obtienne complète réparation de ses dommages présents et entière restauration de son indépendance nationale. »

§ 3. — *En Italie.*

Corriere della Sera. Milan, 20 juillet 1916 :

« C'est certainement la manifestation catholique anti-allemande la plus importante qui se soit produite depuis le commencement de la guerre. Et cela est d'autant plus remarquable que l'Espagne était jusqu'ici considérée comme éminemment germanophile. »

La Perseveranza. Milan, 20 juillet 1916 :

« On sait que les agents austro-allemands, dès l'explosion du conflit européen, se sont jetés sur l'Espagne comme sur une terre de conquête, et ont su travailler le terrain avec tant d'habileté et falsifier la situation avec un tel déluge de mensonges, que, pour un bon laps de temps, la cause de l'Entente a été tout à fait impopulaire au delà des Pyrénées. La Belgique elle-même — pays catholique qui s'est sacrifié pour l'idée du devoir et de la justice — ne trouvait pas grâce aux yeux de la majorité des Espagnols. On acceptait sans contrôle les versions allemandes suivant lesquelles le gouvernement belge aurait été lié de la façon la plus étroite à la France et à l'Angleterre contre l'Allemagne. Et, quant aux atrocités commises aux dépens de catholiques, prêtres, enfants sans défense, vieillards, on trouvait le moyen de tirer le rideau là-dessus ou de faire croire que les soldats allemands avaient été obligés de se défendre contre les francs-tireurs encouragés par le clergé. Toute l'atmosphère était essentiellement allemande. Il fallait lutter contre d'immenses préjugés.

« Or voici que nous arrive une nouvelle très significative. Cinq cents personnalités d'entre les plus distinguées du monde catholique espagnol ont signé une Adresse à la Belgique. C'est un véritable événement dans son genre. Le fait indique que le germanisme perd du terrain, même en Espagne. »

L'Italia. Milan, 20 juillet 1916 :

« Nous ne pouvons moins faire que d'exprimer notre satisfaction de voir s'accomplir ce beau geste qui sauve l'honneur des catholiques espagnols. Les catholiques d'Espagne, eux aussi, une fois éclairés sur la véritable situation, ont fait leur manifestation en faveur de l'opprimé contre l'oppresseur. Les principes inébranlables de justice et de moralité ont eu le dessus sur l'avalanche de mensonges que les oppresseurs avaient accumulée contre leur victime. »

Corriere d'Italia. Rome, 29 juillet 1916 :

« Les catholiques espagnols se placent sur le même terrain du droit catholique que le Pape. Mais c'est d'une manière plus particulière qu'ils suivent ses traces quand ils entrent dans le cœur de la question belge.

« Ils la divisent en deux parties : les atrocités allemandes et la violation de la neutralité. Pour la première, ils distinguent, comme le Pape l'a pratiquement enseigné, le droit et le fait. En droit, si ces atrocités peuvent être avec certitude prouvées, et si l'on peut démontrer leur caractère inexcusable, — l'Adresse dit « que c'est un devoir de s'associer de toutes ses forces à la condamnation « qu'elles méritent ». Mais, puisque, — la question de droit réglée et venant au fait, — la partie inculpée de pareilles atrocités ou bien les nie ou cherche à les expliquer ou laisse supposer que ce furent l'œuvre de quelques soldats indisciplinés plutôt que celle du commandement par ordre ou de la tolérance des autorités — les catholiques espagnols adhèrent tous à la proposition d'une Commission d'enquête internationale qui offre aux belligérants et aux neutres une pleine garantie d'impartialité.

« Quand ils arrivent à la question de la violation de la neutralité, ils la stigmatisent sans restriction aucune. Mais la base sur laquelle ils s'appuient pour reconnaître en cette violation de la neutralité le caractère d'injustice, et couper court à toutes les explications et justifications que les violateurs ont tardivement essayé d'en donner, a été expressément la condamnation que, s'en tenant aux propres paroles du chancelier de l'Empire allemand, le Pape a prononcée dans l'allocution du 22 janvier 1915, dans laquelle, suivant le commentaire officiellement autorisé du Cardinal secrétaire d'Etat, « l'invasion de la Belgique de la part des Allemands était directement visée. »

« (S.) Filippo Crispolti. »

Vita e Pensiero (d'A. Gemelli). Milan, 30 juillet 1916 :

« Le Manifeste des catholiques espagnols

est un vrai chef-d'œuvre, un document qui revêt une importance de premier ordre. »

§ 4. — *Journaux belges.*

Le XXe Siècle. Le Havre, 19 juillet 1916 :

« Nos lecteurs seront peut-être un peu étonnés de voir encore tenir pour incertains des faits qui ont été solennellement affirmés par le cardinal Mercier et les autres évêques de Belgique. Cette réserve ne doit pas les empêcher de rendre justice au courage dont les catholiques espagnols ont su faire preuve pour élever du sein d'une opinion travaillée et terrorisée par l'Allemagne une protestation aussi digne et aussi énergique et pour réclamer avec les Belges l'enquête impartiale que leurs bourreaux leur ont refusée jusqu'ici. »

L'Écho de Belgique. Londres, 27 juillet 1916 :

« Nos lecteurs admireront tout d'abord la profonde sagesse de l'Adresse des catholiques espagnols à la Belgique. Sur les questions de fait l'Adresse ne se prononce pas directement. Mais ce qu'elle en dit après ce que nous savons, suffit. Pour nous qui connaissons la matérialité des faits, qui savons que les Allemands ont refusé à plusieurs reprises une enquête contradictoire et internationale, qui savons les efforts qu'ils font pour qu'on cesse de parler toujours de ces « vieilles histoires », nous considérons les termes de l'Adresse comme écrasants pour l'Allemagne, pour son empereur et pour ses généraux.

« Sur les questions de droit, au contraire, l'Adresse se prononce sans ambage. Dans toute cette partie du document, on sent vibrer sous la correction des phrases une noble fierté catholique et castillane. Les catholiques belges liront ces pages avec émotion et reconnaissance.

« Parmi les neutres il y a des peuples de boutiquiers enclins à estimer notre action en francs et en centimes. Voici enfin que les représentants d'une nation qui n'est pas, il est vrai, la première dans la production de la houille, de l'acier ou des cotonnades, mais dont l'histoire glorieuse n'est inférieure à celle d'aucun peuple, remettent la cause de la Belgique dans la pleine lumière des principes de l'honneur chrétien. De telles manifestations sont pour notre pauvre peuple si éprouvé un précieux réconfort. Une nation catholique comme l'Espagne devait finir par comprendre mieux qu'aucune autre ce qu'il y a de chevaleresque, de noblement désintéressé dans la conduite de la catholique Belgique. »

CHAPITRE II

UNE DISCUSSION ENTRE JOURNAUX FRANÇAIS

Considéré du point de vue belge, le Manifeste comportait trois points essentiels :

1° Les catholiques espagnols condamnaient la violation de la neutralité belge comme une injustice sans excuse;

2° Ils réclamaient une enquête internationale sur les crimes commis par les Allemands dans le pays envahi;

3° Ils offraient à la Belgique l'hommage de leur admiration et formulaient le vœu qu'elle fût dûment indemnisée et intégralement rétablie dans son indépendance.

Or, en présentant le Manifeste à ses lecteurs, le Temps *(18 juillet 1916) ne fit pas mention du paragraphe qui contenait la protestation des Espagnols contre l'invasion de la Belgique.*

Une discussion s'ensuivit qui eut de l'écho à l'étranger, notamment en Espagne (1) *et aussi en Italie* (2).

Le Temps *mit fin au débat en publiant, le 6 octobre, un résumé du passage omis le 18 juillet.*

La Croix. Paris, 25 juillet 1916 :

« *Le Temps* a subtilisé la partie centrale, essentielle du document : l'adhésion à la condamnation de la violation de la neutralité de la Belgique par le Pape.

« Ce fut un grand acte du Pape. La Belgique l'en a remercié officiellement. En France, on pouvait tirer de cette condamnation un parti patriotique considérable... Non. On a affecté de l'ignorer, et plutôt que de rendre justice au Chef de l'Eglise catholique, on a continué à laisser les journaux sectaires clabauder sur son prétendu silence. Et, l'occasion se présentant d'y faire enfin allusion, *le Temps* a préféré tronquer un document que de laisser passer cette vérité très authentique dans ses colonnes. »

(1) Voir plus loin, page 113, *El Debate* de Madrid du 5 août 1916.

(2) Voir plus loin, page 135, *La Perseveranza* de Milan du 1er août 1916.

Le Temps. Paris, 1er août 1916 (article intitulé : « La neutralité du Pape », à propos d'un discours adressé, le 30 juillet, par Benoît XV aux petits communiants de Rome) :

« Le point de vue pontifical reste tel qu'on l'a connu depuis deux ans : gémir, prier, ne pas juger... Dans une lutte où le bien et le mal s'opposent en un contraste saisissant, le Souverain Pontife se refuse à « dire le droit »... Le martyre de la Belgique ne l'a pas déterminé à prendre parti... Les peuples voient l'autorité morale du Pape refuser de se prononcer entre l'agresseur et sa victime. »

La Croix. Paris, 2 août 1916 :

« *Le Temps* sait très bien que cela est faux. Il a été pris, il y a peu de jours, en flagrant délit de truquage pour ne pas avouer que le Pape a condamné la violation de la neutralité belge. Mais il espère que ses lecteurs — à qui il présente, comme les journaux boches, des documents tronqués — le prendront pour vrai. »

Les Études. Paris, 20 août 1916, page 549 :

« A lire *le Temps* (du 1er août), on pourrait

croire que Benoît XV n'aurait élevé contre l'attentat dont la Belgique fut victime, aucune réprobation publique.

« Or cette allégation est matériellement fausse. Benoît XV a protesté.

« Dans leur Adresse à la Belgique les catholiques espagnols réprouvent aussi la violation de la neutralité belge... Et ils fondent leur jugement sur l'autorité même du pape Benoît XV, dont la parole a fermement rappelé les règles immuables du droit.

« Comment *le Temps* du 1er août peut-il donc affirmer que Benoît XV a gardé le silence sur la violation de la neutralité belge par l'Allemagne?

« *Le Temps* n'aurait-il pas connu le texte de l'Adresse des cinq cents catholiques espagnols?

« Hélas! il faut constater ici une lacune étrange dans la documentation du grand journal officieux... Dans le texte qu'il avait sous les yeux, *le Temps* du 18 juillet a pris la peine de pratiquer une coupure aussi ingénieuse que significative : il a supprimé purement et simplement le paragraphe concernant le Souverain Pontife. De la sorte, les lecteurs qui n'auront connu que par *le Temps* l'Adresse à la Belgique ignoreront toujours que la déclaration capitale de ce document est une adhésion aux paroles de Benoît XV sur la violation de la neutralité belge par l'Allemagne. Vraiment, certains coups de ciseaux, exécutés avec intelligence et prestesse, s'inspirent parfois de calculs politiques qui ne manquent pas de profondeur.

« Semblables méthodes consistant à tronquer artificieusement les textes, nous donnent le droit de dire sans autre périphrase, à propos du journal *le Temps*, que *sa bonne foi a été surprise... en défaut*.

« (S.) Yves de la Brière. »

Le Temps. Paris, 4 septembre 1916 (article intitulé : « L'interview de Mgr Gasparri ») :

« L'interview — qui vient d'être publiée par un de nos confrères (*le Journal*, du 31 août), et qui, sous ce titre : « La Pensée « du Pape », a pour auteur responsable Mgr Gasparri, cardinal secrétaire d'Etat, comporte des observations sur le rôle du Pape à l'occasion de la guerre. L'interview n'apporte pas de clartés nouvelles... C'est le même souci extrême de conserver jusqu'au bout « l'impartialité » la plus absolue. Condamner l'un ou l'autre? Impossible... Peut-être eût-on souhaité une impartialité moins imperturbable; elle apparaîtrait volontiers, dans sa sérénité glaciale, comme teintée d'indifférence... On eût rêvé d'une papauté qui eût proclamé le respect du droit écrit et des traités signés; le droit écrit est atteint quand certains belligérants déchirent le traité de 1839, envahissent et pillent la Belgique neutre. »

La Croix. Paris, 5 septembre 1916 :

« *Le Temps* n'a pas le courage de faire, alors que l'occasion se présentait à lui, la réparation qu'il devait en justice au Pape, en reconnaissant ce qu'il s'est obstiné à taire, à savoir que le Vatican a formellement condamné la violation de la neutralité belge. »

Les Etudes. Paris, 5 octobre 1916, page 124 :

« Des milliers de lecteurs savent que des déclarations authentiques de Benoît XV frappent de réprobation publique la violation de la neutralité belge par l'Allemagne; que cinq cents catholiques espagnols ont fondé sur l'autorité même de Benoît XV leur protestation doctrinale contre cette même violation de la neutralité belge; et que *le Temps*, après avoir artificieusement découpé du texte de la protestation espagnole le paragraphe relatif au Saint-Père, a osé maintenir ensuite que Benoît XV n'a rien dit ni rien fait pour la juste cause de la Belgique martyre... D'aucuns auraient pu supposer que, désormais, *le Temps* aurait, tout au moins, la pudeur de ne plus répéter dans les mêmes termes la même allégation péremptoirement réfutée. C'était une supposition encore trop entachée de bienveillant optimisme... Le procédé du *Temps* consiste à dire sciemment et persévéramment le contraire de la vérité, dans l'intention réfléchie de tromper et de nuire.

« Yves de la Brière. »

Le *Temps*. Paris, 6 octobre 1916 (article intitulé : « Une mauvaise querelle ») :

« Le 18 juillet dernier, nous avons signalé et cité une Adresse envoyée à la Belgique par cinq cents catholiques espagnols.

« Nous avions extrait du texte et reproduit tout ce qui, dans l'Adresse, précisait le sentiment de l'Espagne.

« La revue *les Etudes* retient de ce document un passage que le *Temps* n'a pas cité et qui est ainsi conçu :

« Le chancelier allemand a tenté, le « 4 août, d'excuser, par la nécessité de « vaincre, l'injustice commise et avouée. « Mais l'excuse a été repoussée et l'injustice « flétrie par la plus haute autorité morale de « ce monde. Invoquant sa qualité d'inter- « prète suprême et de vengeur de la loi éter- « nelle, le Souverain Pontife Benoît XV, dans « son allocution consistoriale du 22 jan- « vier 1915, a cru de son devoir de proclamer « sans ambages qu'il n'est permis à personne « ni pour aucun motif de léser la justice. Et « dans sa lettre du 6 juillet 1915, le cardinal « secrétaire d'État a confirmé que ces paroles « du pape visaient l'invasion de la Belgique « par l'Allemagne. Comme catholiques, nous « adhérons sans réserve aux paroles du pape « rappelant au monde, en ces heures trou- « blées, l'intangibilité des préceptes de la loi « morale. »

« Et prenant acte de ces quatre phrases, elle porte contre nous l'accusation de les avoir supprimées « par un calcul politique qui ne « manque pas de profondeur », pour être plus libres de critiquer l'attitude de la papauté.

« Ce genre de calcul était bien loin de notre pensée. Nous faisions connaître une manifestation de l'Espagne à l'égard de la Belgique. Nous avions reproduit ce qui était intéressant au point de vue espagnol et au point de vue belge; rien de plus, rien de moins.

« La revue *les Études*, plus particulièrement frappée par le passage relatif au Saint-Siège, fait de ce passage le pivot de tout l'ensemble. Elle y met une telle insistance qu'on peut se demander si, pour elle, ces dix lignes ne sont pas l'essentiel du document. En les reproduisant à notre tour, nous répondrons sans doute à ses préoccupations. »

Les Études. Paris, 20 octobre 1916, page 265 :

« Le grand journal officieux répétait à toute occasion que le Souverain Pontife n'a jamais pris la peine de réprouver la violation de la neutralité belge par l'Allemagne, ni d'éclairer les consciences catholiques sur l'immoralité de cet injustifiable attentat.

« Or, voici que *le Temps* reproduit enfin, le 6 octobre, un document espagnol qui témoigne clairement et authentiquement du contraire. Nous en adressons au *Temps* nos félicitations cordiales. Il n'est jamais trop tard pour bien faire.

« Yves de la Brière. »

CHAPITRE III

POLÉMIQUES EN ESPAGNE

La plupart des journaux de Madrid reproduisirent les commentaires du Times *ou du* Temps.

El Universo *(4 septembre 1916) traduisit l'article du marquis Filippo Crispolti, paru dans le* Corriere d'Italia *et dont nous avons donné des fragments. (Voir plus haut, page 96.)*

La Lectura Dominical *publia une brève mais bienveillante analyse :*

La Lectura Dominical. Madrid, 29 juillet 1916 :

« Parmi tant d'échos de la lutte internationale qui se font entendre en Espagne, nous devons signaler le Manifeste à la Belgique. On y exprime des sentiments de sympathie pour la malheureuse Belgique; on souhaite le rétablissement de son indépendance; on proteste contre la doctrine de ceux qui prétendent justifier l'invasion d'un pays par l'avantage militaire que pense en retirer une autre nation.

« Le document est pénétré d'un sentiment profondément catholique et il est très respectueux de la neutralité. Il est signé par des grands d'Espagne, d'anciens ministres, des religieux, des prêtres séculiers, des recteurs et des professeurs d'université, des membres des académies royales, des écrivains traditionalistes. »

Un correspondant de la Ciencia Tomista *applaudit au geste des catholiques espagnols :*

La Ciencia Tomista. Revue des Dominicains espagnols. Madrid, septembre-octobre 1916, page 148 :

« Nous avons admiré le Manifeste envoyé par les catholiques espagnols à la Belgique. On ne pouvait rien dire de plus flatteur à l'adresse de ce noble pays. La chevaleresque Espagne se devait de protester contre la grave violation du Droit qui s'est produite en Belgique. »

El Debate *s'abstint de critiquer le document et renouvela simplement l'expression des sentiments qu'il avait, en d'autres circonstances* (1), *témoignés à la Belgique. Mais il prit occasion de la suppression d'un passage du Manifeste par* le Temps, *pour rappeler un des motifs qui lui font souhaiter la victoire de l'Allemagne :*

El Debate. Madrid, 5 août 1916 :

« Les journaux de Paris et de Madrid ont commenté ces jours-ci le Manifeste des catholiques espagnols à la Belgique. Nous dirons seulement à ce propos que nous aurons toujours et plus que personne, pour la Belgique, la pitié et le respect que le malheur inspire à toute âme chevaleresque.

« Ce que nous voulons faire remarquer, c'est que le Manifeste des catholiques espagnols a rendu patente l'erreur de ceux qui croient que la France, si elle sort victorieuse de la lutte, ne recommencera pas l'odieuse persécution religieuse. La triste réalité est que l'esprit anticatholique et la haine de la Papauté y persistent vivaces dans les sphères gouvernementales.

(1) Par exemple, le 25 mars et le 7 septembre 1915.

« Le *Temps,* dont l'importance et la signification sont connues, vient d'en donner la preuve. En publiant le Manifeste espagnol, il a supprimé le passage dans lequel les signataires adhèrent expressément aux paroles de Benoît XV condamnant l'invasion de la Belgique.

« Ni le respect que méritait l'hommage rendu par un groupe de neutres à la nation alliée et victime; ni même la considération égoïste de l'appui et de l'autorité que donnent à sa cause les paroles pontificales, rien n'a été suffisant pour refréner les vieilles et odieuses rancunes du journal parisien. Ce qui lui importe avant tout et plus que les intérêts mêmes de la patrie, c'est de s'opposer au réveil religieux de la France et de garder le silence sur les actes du Pape qui pourraient attirer de la sympathie et de la reconnaissance au Saint-Siège.

« Les attaches du *Temps* permettent de voir dans sa politique le reflet de la pensée gouvernementale. D'ailleurs les plans de la maçonnerie — toute-puissante dans la République voisine — pour s'emparer de l'enfance sont connus et se retrouvent dans le pharisaïque projet de loi sur les pupilles de la nation et sur l'organisation post-scolaire.

« Cela se passe en un moment où se jouent les destinées du pays ! Que serait-ce si, en cas de victoire des armées françaises, les gouvernants persécuteurs de l'Église s'attribuaient le mérite et la gloire du triomphe ? Le succès leur donnerait une force nouvelle pour la réalisation de leurs desseins.

« C'est pourquoi, entre autres motifs, nous souhaitons le triomphe de l'Allemagne. Si la défaite de la France entraîne la chute de ses gouvernants sectaires, le désastre pourra ouvrir une ère de régénération et de salut. Car — nous le répétons une fois de plus — nous n'avons point de haine contre la nation française, et les catholiques qui vivent et luttent là-bas nous inspirent la sympathie la plus vive ; mais nous détestons de toute notre énergie la France officielle, corrompue et corruptrice, que nous considérons comme un danger pour l'Espagne. »

Tandis que le Debate *reflétait plutôt une des nuances du courant « antifrançais »,* le Correo *accumula, dans une apostrophe dépourvue d'aménité, tous les griefs par quoi les Allemands essayent d'alimenter et de propager l' « anglophobie » :*

El Correo español. Madrid, 3 août 1916 :

« Sept ou huit cents catholiques espagnols — dont quelques-uns parmi les plus distingués sont de nos meilleurs amis — ont signé un Manifeste en faveur de la Belgique. Ils condamnent la violation de la neutralité belge ; ils expriment leurs sympathies et leur admiration à la Belgique ; ils formulent le vœu qu'elle soit restaurée après la guerre.

« Nous admettons qu'en justice abstraite, en droit strict, en théorie pure, on condamne tout attentat au droit des gens. Mais ici on ne tient compte ni des antécédents, ni des circonstances, ni des faits. On oublie qu'avant le siège de Liége, la Belgique savait que l'Allemagne ne conspirait pas contre son indépendance ; on oublie qu'après la prise de Liége, elle reçut — avec l'assurance renouvelée que son territoire serait respecté — l'offre d'une indemnité colossale d'un milliard ; on perd de vue que, si l'absolue nécessité n'avait pas forcé l'Allemagne à pénétrer en Belgique, Anglais et Français y seraient entrés de force.

« Les signataires du document ont-ils protesté publiquement contre la violation de la neutralité grecque, moins justifiée et moins excusable que celle de la Belgique, — cette création artificielle de la diplomatie, formée de parties flamandes-germaniques et de pièces wallones-françaises, cette espèce de mur mitoyen, ce champ ouvert où toujours passèrent les belligérants dont les conflits épiques se sont déroulés dans cette partie de l'Europe?

« Ceux qui s'indignent à l'idée que l'Allemagne pourrait conserver les territoires conquis se sont-ils élevés contre l'Angleterre, qui détient notre territoire et nous impose sa domination sur une mer latine qui est nôtre?

« Quand on s'incline devant la spoliation des États pontificaux; quand on tolère en silence l'ignominie de Gibraltar; quand on n'a aucune parole de blâme contre l'Angleterre fomentant des guerres injustes pour annexer l'Orange et le Transvaal; quand on assiste impassible à la violation de la neutralité grecque, perpétrée par ceux qui déclarèrent n'avoir tiré l'épée que pour défendre des pactes solennels et des neutralités sacrées, alors on ne peut condamner qu'en termes généraux les infractions aux lois morales qui régissent les nations comme les individus.

« Ce qui est inadmissible et révèle une partialité politique condamnable, c'est de faire état de certaines violations du droit des gens et d'oublier les autres; ce qui ne sied pas, c'est de se lamenter sur les maux déchaînés en Belgique et en quelque sorte sur l'Europe, moins par les Allemands que par des gouvernants maladroits, inhabiles, pour ne pas dire plus, et de hausser les épaules devant les douleurs, les humiliations, les outrages infligés au royaume de Constantin.

« Et il est déplorable que ce soient des Espagnols et des catholiques qui agissent ainsi, et ce en faveur de la Belgique, le seul pays du monde qui, pour glorifier l'abominable criminel Ferrer, éleva un monument de pierre et de bronze, outrage permanent à l'Espagne, à son honneur et à sa dignité.

« En ce qui nous concerne, nous réprouvons en termes généraux toutes les violences, mais en répétant que les malheurs de la Belgique pouvaient et devaient être évités par ses gouvernants et que les épreuves de ce pays sont bien dépassées par celles de la catholique Irlande, opprimée, martyrisée depuis des siècles par Carthage et dont l'amour pour la liberté vient encore une fois d'être noyé dans le sang.

« Nous soupirons après la paix qui rendra

la liberté aux peuples opprimés, qui imposera la liberté des mers et arrachera du cœur de l'Espagne l'épine qu'elle y porte enfoncée depuis des siècles. Nous souhaitons que vienne au plus tôt l'heure du châtiment pour nos oppresseurs, parce que cette heure sera celle du triomphe pour la liberté, l'indépendance, la gloire et l'honneur de notre patrie.

« Miguel PENAFLOR. »

Cependant, l'ambassade allemande de Madrid menait dans son journal, — la Tribuna, — *une campagne dont les incidents seront exposés au chapitre suivant.*

La réplique à l'interpellation du Correo *fut donnée spontanément par des signataires du Manifeste, notamment dans le* Noticiero *de Saragosse, dans* la Epoca *de Madrid et dans le* Diario *de Barcelone :*

El Noticiero. Saragosse, 17 août 1916 (réponse à une critique parue dans le *Noticiero* du 15 août) :

« On fait l'objection suivante aux signataires du Manifeste :

« Vous dites que l'Allemagne a commis « une injustice, et que vous devez élever « contre elle une protestation. Avez-vous « protesté contre toutes les injustices com- « mises par les différentes nations? »

« Nous pouvons répondre que nous n'avons ni la compétence ni le temps nécessaires pour porter un jugement critique sur l'histoire des relations internationales. Dans le cas de la Belgique nous devions ressentir un sentiment de solidarité plus étroite, parce qu'il s'agit d'une nation catholique; la folie d'une municipalité socialiste élevant un monument à Ferrer ne peut rompre cette solidarité. Et chaque fois qu'on nous demandera de nous prononcer sur une injustice évidente, nous ne manquerons pas d'élever notre protestation.

« Un signataire du Manifeste. »

La Epoca. Madrid, 21 août 1916 :

« Le Manifeste en faveur de la Belgique continue à être commenté tant par la presse espagnole que par la presse étrangère. Cela montre que partout on en a compris l'importance.

« Quelques commentaires espagnols sont vraiment inconcevables.

« Ils le sont d'abord du point de vue du droit des gens. Car la Belgique, dont la neutralité a été violée par l'Allemagne, était un pays déclaré et reconnu neutre par toutes les puissances de l'Europe.

« Ils le sont du point de vue catholique. Car la Belgique était le modèle des nations catholiques; depuis trente ans elle était gouvernée sans interruption par un parti qui se proclamait catholique. C'est notre devoir au surplus de témoigner nos sentiments de sympathie chrétienne à une nation qui n'a pas voulu la guerre et qui en a supporté toutes les horreurs.

« Les catholiques espagnols qui, sans distinction de parti politique, ont signé ce Manifeste, n'ont fait que se rallier au jugement du Souverain Pontife condamnant la violation de la Belgique. Ils demandent en outre la nomination d'une Commission internationale, chargée de rechercher les attentats au droit des gens commis en Belgique. Peut-on dire qu'il y a là une atteinte à la neutralité? Ceux qui le soutiennent, ce sont quelques ultra-germanophiles au paroxysme de la passion, plus papistes que le Pape, puisqu'ils refusent de souscrire aux solennelles déclarations du Pape, et qu'ils prétendent qu'un acte, qui n'a pas nui à la neutralité du Saint-Siège, mettra en danger la neutralité de l'Espagne. »

El Diario. Barcelone, 29 août 1916 :

« Le Manifeste en faveur de la Belgique, signé par les catholiques espagnols, a suscité des commentaires et des interprétations qui ne s'accordent pas toujours avec la vérité. Il convient de mettre exactement les choses au point, pour empêcher l'opinion de s'égarer.

« Le Manifeste se borne :

« Premièrement, à condamner, ou mieux, à répéter la condamnation explicite de S. S. Benoît XV contre l'outrage commis envers la Belgique, — condamnation fondée sur les paroles solennelles du chancelier de l'Empire allemand au Reichstag. Le chancelier a déclaré en effet que l'Allemagne déplorait de devoir violer la neutralité belge, mais que la nécessité militaire — c'est-à-dire la raison d'Etat, pour parler comme Machiavel — l'y obligeait. C'est cette doctrine, affirmant que, dans les relations internationales, la raison d'État doit prévaloir sur le droit, que Sa Sainteté a condamnée, non en général, mais en visant concrètement le cas de la Belgique. Quelle faute peuvent donc bien commettre les catholiques en suivant le Pape? Il nous importe peu que l'Allemagne n'eût pas l'intention de rester en Belgique, mais désirât seulement y faire passer ses troupes afin de frapper plus facilement la France et l'Angleterre, nations elles aussi amies de la Belgique et garantes de sa neutralité ; il nous importe peu que l'Allemagne offrît à la Belgique un milliard pour payer sa complaisance ; il nous importe peu qu'il y ait eu d'autres injustices commises dans le monde ; que la France et l'Angleterre auraient pu faire ce que l'Allemagne a fait, etc. Le fait est que ce fut l'Allemagne qui le fit. Et nous ne devons nous en tenir qu'au fait.

« Deuxièmement, à demander la nomination d'une Commission d'enquête chargée de rechercher les atrocités commises en Belgique. C'est un fait que les Belges, et avec eux les Français, les Anglais, les Russes et les Italiens, affirment que les Allemands se sont livrés à des excès. Il est un autre fait, c'est que les Allemands le nient et qu'ils imputent à la population civile belge d'avoir commis des violences. Qui offense-t-on, en demandant une enquête, sérieuse et impartiale, sur ce qui s'est passé?

« Troisièmement, à exprimer le vœu de voir la Belgique recouvrer son indépendance Il n'y a là rien de contraire à la bonne amitié qui nous unit à l'Allemagne. Ce n'est qu'une manifestation de la bonne amitié qui nous unit à la Belgique. L'Allemagne occupe maintenant, en force, la plus grande partie du territoire belge; mais, en droit international, ce n'est là qu'une situation de fait, qui n'affecte en rien les relations juridiques avec les neutres. Tant qu'un traité de paix ne déclare pas que la situation juridique de la Belgique, telle qu'elle existait le 1er août 1914, a changé; que le royaume n'existe plus ou qu'il a perdu une partie de son territoire au profit d'autres puissances, — le devoir des neutres consiste à respecter la situation antérieure à la guerre; de même le devoir de la bonne amitié nous oblige à souhaiter la fin des horreurs de la guerre ainsi que le retour de l'état de fait à l'état de droit.

« C'est cela et rien d'autre qu'affirme le Manifeste et c'est pourquoi il a pu réunir tant de signatures de catholiques espagnols, de personnes qu'on ne peut sans injustice notoire qualifier d'inconscientes. Beaucoup de signataires ont des sympathies pour l'Empire germanique; ils ne croient pas pouvoir, pour cela, justifier sa conduite en ce cas particulier.

« Angel SALCEDO RUIZ. »

CHAPITRE IV

LA CAMPAGNE ALLEMANDE CONTRE LE MANIFESTE

§ 1er. — *Cri d'alarme.*

Ce n'est pas seulement en pays ennemi que les Allemands auront eu, pendant la guerre, des journaux à leur dévotion. Même dans les pays neutres comme l'Espagne ils s'étaient assurés d'une partie de la presse.

C'est précisément dans trois organes « germanophiles » de Madrid qu'il fut, pour la première fois, question du Manifeste A Belgica. *Une copie du document, revêtue de quelques signatures, s'était « égarée », vers la fin de juin, à l'ambassade allemande de Madrid. Aussitôt, le* Siglo futuro, *le* Correo *et la* Tribuna *mirent leurs lecteurs en garde.*

La campagne fut ouverte par :

El Siglo futuro. Madrid, 28 juin 1916 :

« On commence à faire circuler un Manifeste qui s'attaque à l'Allemagne. Il soutient toutes les accusations absurdes, lancées par les ennemis de l'Empire germanique, au sujet des prétendues violations du droit des gens qui auraient été commises par l'Allemagne contre la Belgique. Nous donnons l'alarme. »

Le cri d'alarme est répété le surlendemain par le Correo, *qui donna en plus quelques détails sur les signataires* (1) :

El Correo español. Madrid, 30 juin 1916 :

« Le Manifeste en question circule depuis quelque temps. Ses auteurs condamnent sévèrement la violation de la neutralité belge et les prétendues cruautés allemandes. Le Manifeste, en vérité, est habilement rédigé. »

La Tribuna *ajouta à l'information du* Siglo futuro *un résumé du Manifeste et un essai de réfutation :*

La Tribuna. Madrid, 30 juin 1916 :

« Les auteurs du document — il serait in-

(1) On les trouvera au paragraphe suivant.

téressant de les connaître — se déclarent partisans de la restauration de la malheureuse Belgique. On a distingué très habilement la question de la violation de la neutralité belge et la question des atrocités, imputées calomnieusement à l'armée allemande.

« La prétendue violation de la neutralité belge, à notre avis, n'existe point; et cela, pour le motif bien simple que la Belgique elle-même a foulé aux pieds sa neutralité, bien avant la guerre, par les négociations qu'elle entretint avec l'Angleterre et la France. Les documents belges, publiés par l'Allemagne, nous ont montré suffisamment en quoi consistait la neutralité de la Belgique.

« D'autre part, la brochure connue (1), — qui s'occupe des francs-tireurs belges et qui contient uniquement des extraits de la presse belge et française où l'on exalte la conduite des citoyens armés contre les envahisseurs, — cette brochure prouve clairement ce qu'était « l'innocence » des habitants de la Belgique et justifie complètement les représailles aux-

(1) *Las hazanas de los francotiradores en Belgica segun los relatos de la misma prensa belga.* — Brochure de 20 pages, publiée chez Serra et Russell, Ronda Universidad, 6, à Barcelone.

quelles il fallut recourir pour protéger l'armée allemande.

« Nous sommes curieux de voir quels Espagnols se laisseront prendre au piège en signant des déclarations trop habiles. »

§ 2. — *Menaces de représailles.*

Tout en avertissant le public qu'on recueillait des adhésions pour une Adresse à la Belgique, le Correo *laissa entendre qu'il se préparait d'autre part une « contre-manifestation » :*

El Correo español. Madrid, 30 juin 1916 :

« D'après nos renseignements, les parrains du Manifeste appartiennent à la haute noblesse. Il est notoire que quelques-uns de ces aristocrates ont des relations intimes et des intérêts en Belgique. On nous fait savoir qu'on vient de commencer une contre-manifestation; on nous assure également que certains signataires du document ont retiré leur signature. »

En quoi consistait la « contre-manifestation », vaguement indiquée par le Correo?

On ne tarda pas à l'apprendre.

Il s'agissait, ni plus ni moins, d'une menace de représailles contre deux signataires dont le nom figurait sur la copie du Manifeste tombée entre les mains de l'ambassadeur d'Allemagne.

Cette manœuvre de chantage, qui n'était plus un secret à Madrid, fut racontée d'abord par le Times. *Son correspondant détailla très exactement les motifs de la colère allemande :*

The Times. Londres, 29 juillet 1916 (lettre de son correspondant particulier de Madrid, en date du 22 juillet) :

« L'Adresse des catholiques espagnols à la Belgique a causé un très naturel déplaisir aussi bien à l'Ambassade allemande de Madrid qu'à Berlin.

« Les Allemands eurent vent de la chose, il y a quelques semaines, et la dénoncèrent d'abord dans leur presse comme une manœuvre pro-alliée. Leur but était alors de dissuader les signataires éventuels.

« Le document leur inspire une crainte telle qu'ils ont eu recours depuis lors à des procédés encore moins avouables. Deux membres de l'aristocratie espagnole, dont la famille possède un domaine en Belgique, ont reçu une intimation spéciale de l'empereur Guillaume. Il leur fut notifié que, s'ils ne retiraient leur signature de l'Adresse, les beaux arbres de leur parc seraient abattus, tandis que des soldats allemands occuperaient le château. Ils furent en outre avertis que des représailles seraient exercées contre les Espagnols résidant en Belgique.

« A première vue, il pourrait sembler qu'un Manifeste aussi peu critiquable, — signé par des hommes dont la majorité avait été dès le début sympathique à l'Allemagne et convaincue de la victoire allemande, — dût commander l'approbation des Allemands. Mais aux yeux des Allemands le document a un grave défaut, — celui de rouvrir la question belge. Jusqu'ici les Allemands avaient réussi à présenter la Belgique comme un quelconque des Alliés, comme un complice de la conspiration ourdie contre le « peuple élu », digne par conséquent de la haine et du mépris voués aux Anglais et aux Français.

« Les signataires de l'Adresse font savoir qu'ils ne sont plus disposés à accepter de confiance ces allégations. Ils se sont aperçus que le cas de la Belgique diffère fondamentalement de celui de tout autre belligérant et qu'il a droit, pour des raisons très élevées de morale, à une étude spéciale. Cette proposition, une fois établie, devient le point de départ d'argumentations et de réflexions qui mènent à de curieuses, et au point de vue allemand, désagréables conclusions.

« Quelle est en effet la signification du Manifeste? En réclamant une enquête internationale sur toutes les atrocités attribuées aux Allemands en Belgique, les signataires montrent d'abord que, implicitement, ils n'accordent plus créance à la parole de l'empereur Guillaume ni aux emphatiques démentis des 93 « intellectuels » allemands. Supposé qu'en suite de cette Adresse soit nommée une Commission d'enquête et que celle-ci vienne à constater, après mûres investigations, que le télégramme de l'Empereur au président Wilson ne disait pas la vérité mais était une basse calomnie, ainsi que le prétendent les évêques belges, — quel serait l'effet d'une pareille découverte sur ceux qui croient encore à la bonne foi allemande?

« Quand ensuite les signataires déclarent adhérer au jugement du Pape condamnant la violation de la neutralité belge par les Allemands comme une injustice sans excuse, ils commettent aux yeux des Allemands une grave indiscrétion; car les déclarations du Pape sur cette question ont jusqu'ici été cachées soigneusement au public espagnol par la presse germanophile; et nous pouvons fort bien comprendre le déplaisir des Allemands lorsqu'ils voient citer dans l'Adresse les paroles authentiques du Pape:

« Enfin, ce qui a le plus péniblement impressionné les Allemands, c'est que les signataires expriment le vœu que la Belgique reçoive pleine réparation pour ce qu'elle a souffert et qu'elle recouvre son indépendance nationale. Ceux qui fréquentent ici l'ambassade d'Allemagne savent que l'Allemagne est plus que jamais décidée à garder la Belgique comme gage pour récupérer ses colonies. Parler de restaurer l'indépendance de la Belgique, semble aux Allemands un manque de tact et une démarche préjudiciable à leur cause; c'est confirmer ce que soutiennent les Alliés, à savoir que les Allemands sont en Belgique des intrus intolérables et que l'on ne peut discuter de paix tant que le sol belge ne sera pas libéré des troupes allemandes.

« Le geste des catholiques espagnols aura

une puissante influence sur l'opinion espagnole de toutes nuances. »

L'information du Times *fit le tour de la presse.* La Perseveranza, *de Milan, y ajouta quelques réflexions et montra comment le Manifeste était venu contrecarrer en Espagne la politique généralement pratiquée par l'Allemagne pour capter dans les pays neutres les sympathies des catholiques :*

La Perseveranza. Milan, 1er août 1916 :

« Pour bien comprendre la fureur du Kaiser, il importe de noter que la presse austro-allemande ignore encore maintenant la lettre envoyée, le 6 juillet 1915, par le cardinal Gasparri au Ministre de Belgique près le Vatican, — lettre contenant la claire et explicite condamnation, de la part du Saint-Siège, de la violation de la neutralité belge.

En Espagne, — où, dès la première heure du conflit européen, les Austro-Allemands étaient venus s'installer pour diriger l'opinion publique, — on ignorait également l'attitude véritable du Saint-Siège vis-à-vis de la Belgique et de l'Allemagne. Les Alliés auraient dû assumer la charge d'éclairer sur ce point l'opinion publique d'au delà des

Pyrénées; mais, du côté des radicaux français, on attachait un intérêt particulier à faire croire que le Vatican n'avait pas protesté en faveur de la Belgique. Cela servait à une certaine politique intérieure, inspirée par ceux qui ne veulent pas du rétablissement des relations diplomatiques entre la France et le Vatican. Un vieux fonds de jacobinisme venait ainsi en aide aux intérêts du germanisme des « Boches », qui pouvaient répandre librement en Espagne les bourdes les plus invraisemblables.

« C'est si vrai que, tout récemment encore, le *Temps*, en relatant l'Adresse des catholiques espagnols à la Belgique, sautait à pieds joints tout ce qui s'y référait à la condamnation prononcée par le Pape. Et cependant, au point de vue national, — dans la lutte entreprise contre le germanisme dans le monde entier, — il aurait été si utile de faire ressortir que le Vatican protesta contre l'Allemagne pour la violation de la Belgique...

« Voyez par contre la politique de l'Allemagne. Sa façon de conduire la guerre est d'une part tout ce qu'il y a de plus antichrétien. D'autre part, plus leurs actes sont en opposition avec les lois de la civilisation chrétienne, plus les Austro-Allemands mettent leurs soins, dans les pays neutres, à couvrir leurs barbaries de l'invocation blasphématoire du nom de Dieu. Et tandis qu'ils cherchent par tous les moyens à exploiter contre les Alliés le jacobinisme des nations latines, ils représentent les empires centraux comme les défenseurs patentés de la foi religieuse...

« On s'explique alors bien la colère de Guillaume II, qui menace des nobles espagnols, propriétaires d'un domaine en Belgique, de saccager leur propriété s'ils ne retirent pas leur signature d'un document d'où il résulte que le Vatican a condamné la violation de la Belgique par l'Allemagne. »

§ 3. — *Offensive générale.*

Quand l'ambassade allemande de Madrid eut constaté le retentissement du Manifeste dans la presse étrangère, elle essaya par une dernière manœuvre, audacieuse et perfide, de provoquer le retrait en masse des signatures.

Se basant sur les commentaires laudatifs du Temps *et du* Times, *elle dénonça le Manifeste comme une grave injure faite à l'Allemagne, comme une déplorable atteinte à la neutralité espagnole et, finalement, comme une machination machiavélique des Alliés. Les signataires n'avaient qu'une excuse : leur bonne foi surprise; un seul devoir : protester en retirant leur adhésion :*

La Tribuna. Madrid, 2 août 1916 :

« Nous ne comprenons pas comment des personnalités illustres, qui jouissent d'une influence énorme dans le monde de la politique, des sciences et des arts, qui doivent connaître les droits et obligations d'un pays neutre, ainsi que les freins à imposer à la passion pour ne pas troubler notre amitié avec les belligérants, nous ne comprenons pas comment ces personnalités ont osé mettre leur nom au bas du Manifeste. Si les signatures ne sont pas apocryphes, notre neutralité, imposée et défendue par la volonté de tout le pays, peut être gravement compromise.

« Que l'on s'en rende bien compte en effet, les signataires du Manifeste ne se contentent pas de condamner les procédés employés par les Allemands en Belgique, mais ils vont jusqu'à demander que la Belgique soit rétablie dans son indépendance et indemnisée par l'Allemagne !

« Cela s'appelle, en termes concrets, s'immiscer dans les droits et la politique d'un Etat étranger et qui entretient des relations amicales avec l'Espagne.

« Bien certainement, les personnalités citées — toutes considérables par leur rôle dans la vie politique et intellectuelle de la nation — n'ont pas pris garde au but poursuivi par les initiateurs du Manifeste; ou leur bonne foi a été surprise et elles ont été victimes d'une manœuvre des Alliés, habilement préparée.

« Encore une fois, parmi les signataires du Manifeste, il y a d'anciens ministres, d'anciens ambassadeurs, des hommes qui sont la tête de la nation, qui dirigent ou pourront diriger le gouvernement de l'État.

« Croient-ils que — d'accord avec leur situation, avec la neutralité du pays, avec leur devoir de ne pas compromettre de graves intérêts, avec la nécessaire sérénité de leurs jugements, avec leurs connaissances diplomatiques, particulièrement dans des questions de cette nature, — il leur soit permis de couvrir du prestige de leur nom, des déclarations calomnieuses, contraires à la morale qu'ils invoquent constamment? N'ont-ils pas conscience de la responsabilité qu'ils encourent?

« Nous espérons que le gouvernement s'occupera de l'affaire et fera la lumière sur toute l'histoire de ce document qui, plutôt qu'un Manifeste en faveur de la Belgique, est un manifeste contre la neutralité espagnole. »

La Tribuna. Madrid, 3 août 1916 :

« De Londres et de Paris on mande que deux membres très connus de l'aristocratie espagnole dont la famille possède une magnifique propriété en Belgique, ont reçu de l'empereur Guillaume, par l'entremise d'un haut personnage, une lettre leur enjoignant de retirer leur signature du Manifeste.

« Vraiment, les initiateurs et les signataires de ce Manifeste encourent une grave responsabilité. Ils n'ont pas reculé devant les plus viles accusations contre un pays ami de l'Espagne ; ils se sont permis une ingérence intolérable dans les affaires de l'État allemand ; pour finir, voici qu'ils donnent lieu à des attaques inqualifiables contre le souverain d'un peuple qui entretient avec nous des relations d'amitié cordiale... Le Manifeste est une honte pour l'Espagne et inflige à sa neutralité un tort irréparable. »

Ces deux numéros de son journal furent envoyés par l'Ambassade d'Allemagne à tous les adhérents du Manifeste, les articles cités ayant été marqués au crayon rouge.

Quelques jours plus tard, persuadée sans doute que l'exemple serait encore plus entraînant que les objurgations, la Tribuna *commença à publier des lettres qui émanaient, assura-t-elle, de signataires trompés ou repentants.*

Elle en produisit trois en tout :

La Tribuna. Madrid, 8 août 1916 (sous le titre : « Signé par surprise ») :

« Nous publions avec plaisir la lettre suivante :

« Monsieur le Directeur de *la Tribuna,* je trouve dans mon courrier de ce jour les numéros de votre journal des 2 et 3 de ce mois; et j'y vois signalés au crayon rouge les articles de fond intitulés « Le Manifeste à la Belgique ».

« Quoique n'étant pas par tempérament disposé à revenir sur mes actes, je fais en cette occasion une exception publique, en retirant la signature que j'avais apposée au bas du Manifeste.

« Je vous autorise, quand vous publierez les noms de ceux qui auront retiré leur signature, à citer celui de votre dévoué serviteur qui vous baise les mains. — F. DE P. MUAT, 6-8-16. »

La Tribuna. Madrid, 9 août 1916 (sous le titre : « Nouvelles rectifications ») :

« Nous continuons à recevoir des lettres de personnalités notables dont les noms ont paru dans la liste des signataires du Manifeste en faveur de la Belgique.

Voici les deux lettres reçues aujourd'hui :

1. « Je n'ai pas signé le Manifeste en faveur de l'indépendance de la Belgique. Merci d'avance pour la publication de ma protestation. — Votre dévoué ami, L. G. DE GESTOSO. »

2. « J'ai reçu par la poste les numéros de votre estimable journal des 2 et 3 de ce mois, et j'y ai lu les articles, signalés au crayon rouge, relatifs au Manifeste en faveur de la Belgique.

« Je suis un des signataires du Manifeste; je l'ai signé sans en avoir fait une lecture attentive; j'ai dit que je le signais volontiers si je pouvais marquer par là ma sympathie envers les catholiques belges; mais j'ai ajouté que je repoussais nettement tout ce qui impliquerait un abandon de la neutralité.

« Aujourd'hui, je ratifie et j'explique mon attitude; je renouvelle ma sympathie envers mes frères les catholiques belges, ce qui ne veut pas dire que j'approuve tous leurs actes. Et, si l'on m'interroge au sujet de mes sentiments à l'égard des Alliés, je répondrai par la question suivante : un archiviste, un bibliothécaire, un archéologue peut-il oublier que les Français ont enlevé des richesses inestimables de nos archives et de nos bibliothèques et les joyaux les plus précieux de notre art?

« En ma qualité de bibliothécaire à l'Université de Valence, détruite en 1812 par l'armée française de Suchet, je ne puis parler autrement. — J. M. Ibarra. »

Nous n'avons aucune raison de douter de l'authenticité de la dernière lettre, celle de M. Ibarra.

La première, signée « Muat », est évidemment fabriquée, car dans toute la liste des adhérents aucun ne porte le nom de Muat.

Que vaut, enfin, la dénégation attribuée par la

Tribuna *à M. Gestoso? On l'appréciera, en regardant le fac-similé de la signature que M. Luis Gestoso, catedratico de la Universidad, apposa au bas du Manifeste, entre celle du recteur et celles des bibliothécaires de l'Université de Valence.*

Deux jours après la publication de ces lettres, la Tribuna *revint à la charge. Elle couvrit de fleurs les trois prétendus protestataires et, une fois encore, elle répéta tout ce qu'elle croyait devoir faire impression sur les signataires pour les décider à désavouer leur adhésion :*

La Tribuna. Madrid, 11 août 1916 (sous le titre : « Les signataires commencent à retirer leurs signatures ») :

« Jusqu'à la publication de nos commentaires, aucun des signataires ne s'était vu dans le cas de protester contre l'abus fait de son nom au profit d'une propagande ententophile effrontée. Cela pouvait faire penser qu'un nombre considérable de notabilités espagnoles s'était réellement aventuré à souscrire des déclarations contraires à la neutralité et injurieuses pour une nation amie, l'Allemagne. Aujourd'hui, à la suite de notre campagne, pour désagréable que soit une

Penetrados de estos sentimientos, los católicos españoles hacemos los votos más fervientes para que, cualquiera que sea el resultado militar de la guerra, obtenga Bélgica una cumplida reparación de sus males presentes, y una restauración integral de su nacionalidad independiente.

Firmas (1) Rafael Pastor, Rector de la Universidad de Valencia. — Luis Gestoso Catedrático de la Universidad José Mª Ibarra, bibliotecario de la Universidad. Luis Cheno y Soria: Bibliotecario.

rectification, quelques-uns, avec un courage civique digne des plus grands éloges, ont déjà retiré leur signature par une protestation publique. Citons : F. de P. Muat; L. G. de Gestoso et J. M. Ibarra.

« Sous une apparente impartialité, le Manifeste enveloppe en réalité une attaque contre l'Allemagne. On ne peut d'ailleurs séparer le cas de la Belgique de celui des autres puissances belligérantes, puisqu'elle leur reste unie dans la lutte. Les documents diplomatiques publiés par l'Allemagne démontrent au surplus que la neutralité belge n'était pas effective. Enfin les catholiques espagnols n'auraient pas dû oublier que le gouvernement catholique belge a consenti que fût élevée à Bruxelles une statue à Ferrer; la Belgique se trouve être la seule nation qui ait glorifié publiquement Ferrer. Les protestations de milliers d'Espagnols furent dédaignées en Belgique, mais elles furent écoutées par l'Allemagne qui jeta par terre le monument, donnant ainsi satisfaction à l'Espagne.

« Sans doute la Belgique est un pays catholique. Mais l'Allemagne, en grande partie, est catholique aussi; elle est, en plus, une nation instruite, d'une moralité affinée, comme le prouvent dans la paix ses sentiments et ses mœurs exemplaires. On calomnie odieusement l'Allemagne, quand on ose dire que ses armées — qui ne comptent pas un seul illettré — ont commis des excès dont le récit provoque le rire plus que la colère. Est-il, parmi les signataires, un seul catholique pratiquant, se confessant et communiant, est-il un prêtre, consacrant chaque jour la divine hostie, qui puisse, la main sur la conscience, affirmer avec une entière certitude, avec l'assurance d'un témoin oculaire, que les grossières inventions du Manifeste sont des faits réels, véridiques? Non, n'est-ce pas? Il est donc un calomniateur et, comme tel, atteint par les anathèmes de Jésus contre les pharisiens hypocrites...

« Les rectifications de signataires désabusés nous parviendront sans doute en grand nombre. Ceux qui protesteront publiquement rendront un service signalé à la sainte cause de la vérité et mériteront une grande reconnaissance. »

Les détails de cette campagne de l'ambassade allemande contre le Manifeste ne furent guère connus à l'étranger. Nous en avons seulement lu un récit dans la Dépêche de Lyon :

La Dépêche de Lyon. 7 septembre 1916 :

« Il y a trois mois, les Allemands se croyaient absolument maîtres de l'opinion catholique espagnole.

« Quand l'ambassade allemande de Madrid eut — tardivement — connaissance du Manifeste, elle mit le public en garde. Elle ignorait encore alors les résultats déjà acquis.

« Dès que les noms de certains signataires furent connus, on eut recours aux menaces de représailles.

« Enfin, lorsque le Manifeste parut, ce fut, chez les Allemands, du dépit et de la colère. Leur désappointement se traduisit par une contre-manifestation qu'imagina l'ambassade pour obtenir à Berlin le pardon de sa négligence.

« Le 2 août, *la Tribuna* publie du Manifeste un prétendu résumé qui en fausse le sens. Son but est de faire croire aux signataires, dont plusieurs sont germanophiles, qu'ils avaient été victimes d'une manœuvre des Alliés; qu'ils calomniaient l'Allemagne amie et s'immisçaient dans ses affaires; qu'ils mettaient en péril la neutralité espagnole. On leur suggérait de désavouer leur signature et de déclarer que leur bonne foi avait été surprise.

« Le 3 août, nouvel article.

« Avec ces deux articles l'ambassade avait forgé l'arme dont elle allait se servir auprès des signataires, qui n'avaient peut-être pas gardé copie du texte authentique du Manifeste. Les numéros de *la Tribuna*, contenant le résumé faussé et truqué du Manifeste, furent donc envoyés à tous les signataires. Les articles relatifs au Manifeste étaient marqués au crayon rouge.

« Quel fut le résultat de cette manœuvre?

« Le 8 août, *la Tribuna* publiait une première lettre émanant, affirmait-elle, d'un signataire du Manifeste. L'auteur de cette lettre retirait son adhésion. Il signait : « Muat ». Or il n'y a aucun signataire du Manifeste répondant au nom de Muat!

« Le 9 août, publication de deux nouvelles lettres, datées de Valence, comme la première.

« L'une, de Gestoso. Celui-ci déclarait n'avoir pas signé. La vérité est qu'il a signé chez lui, le dimanche 25 juin, à midi, en présence de son collègue Rafael Rodriguez de Cepeda et de Mgr Deploige. Aurait-il perdu la mémoire? Ou n'ose-t-il pas répéter : *Quod scripsi, scripsi*. Ou bien *la Tribuna* a-t-elle fabriqué la lettre qu'elle lui attribue?

« La troisième — et la dernière — lettre est d'Ibarra, bibliothécaire et archéologue. Il a signé, écrit-il, par sympathie pour les catholiques belges, mais on ne doit pas en conclure qu'il approuve en tout les catholiques belges et moins encore qu'il soit l'admirateur des Français qui ont, il y a un siècle, pillé les bibliothèques et les musées espagnols.

« Le 11 août, *la Tribuna* répète que plusieurs signatures importantes ont été retirées. Il s'agit toujours des trois citées ci-dessus.

« Cela suffit pour permettre d'épingler cet article à côté ou au-dessous du bulletin de victoire publié à Berlin après la bataille navale du Jutland.

« S. Gautier. »

Le rédacteur de la Dépêche de Lyon *semble avoir ignoré la fin de l'histoire. Non seulement le bloc des signataires ne se laissa pas entamer; mais, après l'offensive allemande, il se renforça encore de précieuses recrues. Des hommes politiques considérables, tels que le député Eduardo*

Cobian et Joaquin Sanchez de Toca, ancien ministre et président du Sénat ; des membres les plus titrés de la noblesse espagnole, tels que le duc de Durcal, le vicomte de Mamblas, le duc de Peñaranda, le duc de Santona, le duc de Tarancon, tinrent à affirmer leur droit de juger, au nom de la conscience chrétienne, la conduite de l'Allemagne à l'égard de la Belgique et signèrent le Manifeste.

Découragée, la Tribuna *cessa de fabriquer des lettres de désaveu. Et, lasse d'attendre des désistements qui ne venaient point, elle exhala sans élégance sa mauvaise humeur et son dépit. L'ambassade allemande était battue et pas contente :*

La Tribuna. Madrid, 21 août 1916 :

« L'Angleterre est heureuse et fière de ce que l'Espagne ait répondu à l'appel des Belges en signant un document agressif contre les Allemands. D'après le correspondant anglais de *l'Imparcial*, ce qu'il y a de plus saillant dans le Manifeste, ce sont les accusations infâmes, les menaces indignes, les appréciations inconsidérées sur l'invasion de la Belgique (1).

(1) Le correspondant londonien de *l'Imparcial* avait écrit : « Le Manifeste des catholiques espagnols a pro-

« Pour les Anglais, le point capital c'est qu'un nombre important d'Espagnols, — dont quelques-uns interviennent dans les cérémonies de la cour, dont d'autres ont fait partie du gouvernement ou pourront encore présider aux destinées de la nation, manquant à leurs devoirs de neutres et aux obligations que leur imposait leur haute situation, près du trône, — se soient déclarés favorables aux Alliés, en lançant leur indignation et leur colère contre les empires centraux, amis de l'Espagne. C'est cette conduite antipatriotique qui a soulevé l'admiration des esprits anglais.

« Les signataires du Manifeste voient-ils maintenant le tort qu'ils ont causé à la neutralité espagnole par leur acte inconscient?

« Ils ont maintenu leur signature, même après avoir constaté l'interprétation agressive que les Alliés avaient donnée au Manifeste. Cela signifie qu'ils persistent à maintenir les imputations fausses et impudentes. Et ceux qui font cela sont des hommes qui, à raison de leur charge, devraient montrer dans leur

duit une excellente impression en Angleterre. » (*L'Imparcial*, Madrid, 21 août 1916.)

vie publique plus de réserve et la plus grande discrétion. »

§ 4. — *Une assertion de la* Kœlnische Volkszeitung.

Tandis que les Allemands d'Espagne, alarmés, recouraient aux menaces et pratiquaient un chantage éhonté pour faire échec à la manifestation des catholiques espagnols, les Allemands d'Allemagne affectèrent une tranquille indifférence. Ne fallait-il pas entretenir les catholiques allemands dans l'illusion que les catholiques espagnols étaient et restaient favorables à la cause allemande? La Gazette populaire de Cologne *se chargea de leur administrer le soporifique. Elle avait, sans répugnance, exécuté d'autres besognes. Quand le pape Benoît XV eut flétri les bourreaux de la Belgique et réprouvé l'excuse fameuse de Bethmann-Hollweg : « Nécessité ne connaît pas de loi », la* Gazette populaire de Cologne *tronqua tout simplement le discours pontifical afin de laisser ignorer à son public que le Pape avait condamné la violation de la neutralité belge* (1). *Cette fois, elle soutint à deux reprises que le Manifeste était l'œuvre du groupe de l'*Uni-

(1) *Kœlnische Volkszeitung* du 28 janvier 1915.

verso; *elle ajouta que ce journal était depuis longtemps acquis à la cause des Alliés et qu'il n'y avait par conséquent pas lieu de s'émouvoir en Allemagne d'un changement de dispositions chez les catholiques espagnols.*

Kœlnische Volkszeitung. Cologne, 2 août 1916 (sous la rubrique : « Les belligérants et les neutres ») :

« D'après une information de l'*Italia*, les catholiques espagnols se seraient joints aux Belges dans leurs réclamations contre l'Allemagne, et ils auraient condamné les prétendues « atrocités ». En Allemagne on sera surpris de ce que les catholiques espagnols, qui passent comme étant en majorité germanophiles, aient fait une pareille démarche. Mais il ne s'agit que d'un petit groupe bien déterminé, d'une infime minorité, à savoir du cercle de l'*Universo*. »

Kœlnische Volkszeitung. Cologne, 8 août 1916 (sous la rubrique : « Nouvelles religieuses ») :

« Le voyage de Mgr Deploige en Espagne a eu un résultat pratique. D'après les journaux d'Italie, une Adresse à la Belgique a été revêtue de 500 signatures. D'éminents catholiques espagnols réclament une enquête internationale sur la violation de la neutralité belge et sur les prétendus excès des troupes allemandes. Les signataires toutefois sont seulement des hommes qui appartiennent au groupe de l'*Universo*, journal acquis de bonne heure à la Quadruple-Alliance. Ce sont les mêmes qui ont combattu autrefois les directions sociales des catholiques allemands. En tout cas, il ne s'agit pas de la majorité des catholiques espagnols, et il n'y a aucun motif de craindre un changement dans les rapports traditionnels entre catholiques espagnols et catholiques allemands. »

C'est dans l'Italia *que* la Kœlnische Volkszeitung *avait puisé la nouvelle de la publication du Manifeste. Le journal milanais démontra péremptoirement que l'assertion de la* Gazette de Cologne, *au sujet des auteurs et des adhérents du Manifeste, était fausse :*

L'Italia. Milan, 19 août 1916 :

« La *Kœlnische Volkszeitung* du 2 août cherche à discréditer la magnifique manifestation de nos amis d'Espagne. Mais la feuille allemande ne connaît ni le texte intégral du Manifeste ni les signataires; et ses appréciations sont radicalement fausses.

« *El Universo* est resté absolument étranger à la propagande qui devait avoir pour couronnement le Manifeste. Il n'a pas publié une ligne pour signaler ou recommander le Manifeste. Son directeur, M. Blanco, n'a signé qu'en son nom personnel.

« D'autre part, le mouvement n'est pas l'œuvre « d'un petit groupe déterminé ». Quelques noms suffiront à le démontrer : Blanco, directeur de *El Universo;* Luca de Tena, directeur de l' *A. B. C.;* Valdeiglesias, directeur de *La Epoca;* Torcal, directeur de *la Prensa asociada;* Santos Oliver, directeur de *La Vanguardia;* Aznar, collaborateur du *Correo español;* Minguijon, collaborateur du *Debate,* n'appartiennent certes pas au même groupe. »

*M. Salcedo, rédacteur à l'*Universo, *précisa d'autre part, dans le* Diario *de Barcelone, la position prise par l'*Universo *à l'égard de l'Allemagne, de la Belgique et des Alliés :*

El Diario, Barcelone, 29 août 1916 :

« Un article de la *Kœlnische Volkszeitung*

qui cherche à diminuer l'importance du Manifeste belgophile, affirme que les signataires représentent exclusivement le groupe attaché au journal *El Universo*.

« Cette affirmation de la *Kœlnische Volkszeitung* est fausse.

El Universo, organe du Comité central d'action catholique, n'a aucun parti pris dans les polémiques suscitées par la guerre. Le *Siglo futuro*, le *Correo español* et le *Debate* sont germanophiles. Mais l'*Universo* tâche de suivre les instructions du Comité, en jugeant impartialement les événements et en examinant les choses au point de vue des intérêts de l'Église et de l'Espagne; et le Comité directeur s'abstient de considérer systématiquement ces intérêts comme liés au sort de l'un des deux groupes belligérants.

« Le vétéran de la presse, qui remplit actuellement les fonctions de rédacteur en chef, est un ami convaincu des Alliés; il dit qu'il lui est impossible de pactiser avec la nation de Luther, de Kant et de Nietzsche.

« Trois des principaux rédacteurs sont, par contre, aussi germanophiles que ceux du *Correo español* et du *Siglo futuro*.

« Un autre et moi-même inclinons vers le

germanophilisme ; mais nous différons d'opinion sur la question particulière de la Belgique.

« Le journal reflète cette variété d'opinions. Moi-même j'ai écrit plusieurs articles pour défendre l'Allemagne contre ce qui me paraissait des exagérations et des injustices de la part des Alliés et de leurs amis ; j'en ai écrit d'autres pour défendre la Belgique contre ce qui me semblait des injustices et des exagérations de la part des germanophiles. Tous deux nous avons signé le Manifeste.

« Des catholiques de tous les partis l'ont signé. Parmi eux on compte des traditionalistes ; on y voit, par exemple, des personnalités distinguées et connues comme D. Salvador Minguijon et D. Severino Aznar.

« C'est de là précisément que vient l'importance du document. On avait dit que parmi les catholiques d'Espagne il ne se trouverait pas une demi-douzaine d'amis de la Belgique. Et voici qu'ils dépassent les cinq cents, rien que parmi les grands d'Espagne, les académiciens, les professeurs d'université, en un mot, dans le monde intellectuel et dirigeant. Si dans ce milieu élevé on les compte par centaines, n'y en a-t-il pas des milliers dans le reste de la nation?

« (S.) Angel Salcedo Ruiz. »

Enfin le Journal des Débats *fit ressortir l'opposition entre l'émoi des Allemands d'Espagne et l'indifférence affectée des Allemands d'Allemagne :*

Le *Journal des Débats*. Paris, 29 août 1916 :

« Avec une tranquille assurance, et probablement sans encore avoir vu le texte ni les signatures du Manifeste des catholiques espagnols en faveur de la Belgique, la *Gazette populaire de Cologne* affirme qu'il s'agit d'un petit groupe déterminé d'individus, déjà partisans de l'Entente depuis le début de la guerre, et dont les préférences n'affectent pas l'ensemble de l'opinion catholique espagnole, qui reste, indéfectiblement, attaché à l'Allemagne.

« Or, le jour même où cet article paraissait à Cologne, un journal madrilène, organe de l'ambassade allemande (1), exprimait son

(1) *La Tribuna* du 2 août 1916. Voir le paragraphe précédent.

étonnement et son dépit du caractère général de la manifestation. En effet, tout en étant faite par l'élite du pays, elle comprenait les représentants les plus qualifiés des diverses régions et des différents groupes catholiques.

« Nous ne nous expliquons pas, disait le journal germanophile, comment des personnages illustres, exerçant une influence positive dans la politique, dans les sciences et dans les arts, qui doivent connaître les droits et les obligations d'un pays neutre, et les réserves qui s'imposent pour ne pas froisser les belligérants, se sont laissés aller à mettre leur signature au bas du document... Parmi les signataires du Manifeste, il y a des ministres, d'anciens ambassadeurs, des gens qui sont à la tête de l'activité nationale et dirigent ou peuvent diriger le gouvernement de l'Etat. »

« Et il énumérait des catholiques de nuances et de provenance aussi diverses que, par exemple, M. Blanco, directeur de *El Universo;* Luca de Tena, directeur de l'*A. B. C.* —journal dont les sentiments germanophiles furent dès le début de la guerre tellement accusés que l'introduction en France en est interdite par la censure française; — le marquis de Valdeiglesias, directeur de *la Epoca*;

M. Santos Oliver, directeur de *la Vanguardia;* M. Severino Aznar, ancien directeur du *Correo español,* organe officiel du carlisme; M. Salvador Minguijon, écrivain carliste, collaborateur de *El Debate;* M. de Cepeda, etc.

« Le journal de l'ambassade allemande regrettait de voir confirmer les doléances de la Belgique contre l'Allemagne par les « noms prestigieux » de tels signataires et il n'hésitait pas à faire publiquement appel au gouvernement pour réprimer le cours de cette manifestation qu'il estimait dangereuse pour la neutralité espagnole.

« Lorsque la *Gazette populaire de Cologne* lira ces réflexions de l'organe germanophile officieux de Madrid, elle regrettera sans doute d'avoir traité trop vite le Manifeste de document insignifiant. »

CONCLUSION

Un an après, quand le bruit des polémiques était depuis longtemps éteint, un aimable et savant religieux relisait dans le calme de son humble cellule l'Adresse des catholiques espagnols à la Belgique.

C'était peut-être bien dans son intention un tardif examen de conscience, car il avait signé lui aussi le document tant discuté...

Il ne semble pas avoir éprouvé l'ombre d'un regret. Les pensées que lui inspira sa lecture ne décèlent aucun trouble d'âme. Il goûte sans mélange d'inquiétude la joie saine qui récompense la bonne action loyalement accomplie.

Il a bien voulu revoir et approuver la traduction de sa méditation, qu'il publia d'ailleurs dans sa propre Revue, et qui sera la conclusion de ce recueil :

Estudios Franciscanos. Barcelone, août 1917, page 101 :

« Quand on relit dans le calme, à un an

de distance, ce Manifeste qui souleva de si vives polémiques, y trouve-t-on quelque chose à critiquer, une phrase qui n'aurait pas dû être écrite, une appréciation injuste, une parole déplacée? — En vérité, non.

« En termes très mesurés, avec une grande sérénité, le Manifeste pose nettement la question belge et il la juge impartialement selon les règles immuables du Droit. C'est un document qui restera dans l'histoire de la grande guerre comme une splendide affirmation de la conscience catholique.

« Les catholiques espagnols, signataires du Manifeste, se sont inspirés de l'exemple du Pape : dans l'examen des faits ils adoptent son propre point de vue; en condamnant comme une injustice sans excuse l'invasion de la Belgique, ils font simplement écho à la parole pontificale.

« Ils ont formulé sans réticences le verdict de la conscience chrétienne, qui ne peut admettre pour le temps de guerre une morale différente de celle du temps de paix.

« Ils ont compris aussi que le peuple belge ne mendiait pas l'aumône d'une compassion larmoyante. Mais, reconnaissant la justice de sa cause et s'inclinant devant la sublime beauté de son sacrifice, ils ont rendu à l'héroïque champion du droit et de l'honneur l'hommage d'admiration qu'il mérite.

« Ces jugements et ces sentiments, les catholiques espagnols les ont exprimés en un langage digne, sans dithyrambes ni invectives malsonnantes. Et ils ont admirablement concilié l'accomplissement de leur devoir de conscience avec la circonspection que leur imposait la neutralité de leur pays.

« P. Antonio-Maria de Barcelone,
capucin. »

Mes compatriotes, en lisant ces réflexions, comprendront mieux le geste de l'Espagne catholique qui leur apporta, avec le réconfort de sa sympathie, la haute autorité de son témoignage et la valeur inappréciable de sa protestation.

Je voudrais que le sentiment du devoir accompli se doublât chez les catholiques espagnols de la persuasion qu'en prenant la défense de nos droits outragés, ils n'auront pas obligé des ingrats.

TABLE DES MATIÈRES

TROISIÈME PARTIE

APPRÉCIATIONS ET POLÉMIQUES
MANŒUVRES ALLEMANDES

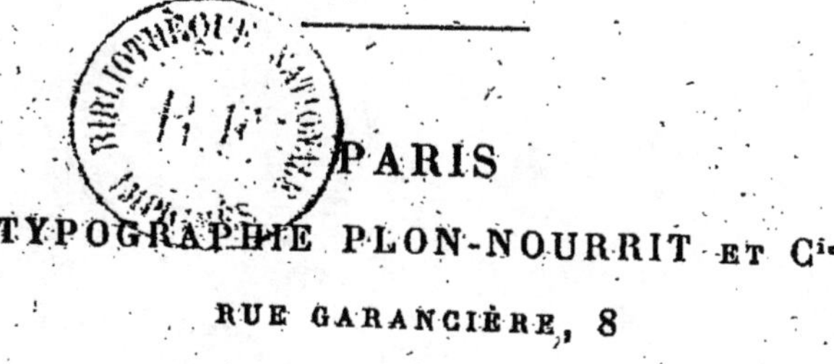

PARIS
TYPOGRAPHIE PLON-NOURRIT ET Cie
RUE GARANCIÈRE, 8

A LA MÊME LIBRAIRIE

Guynemer, par Henry BORDEAUX. Prix .... 3 fr. 50

La Jeunesse nouvelle, par Henry BORDEAUX .... 3 fr. 50

Trois Tombes, par Henry BORDEAUX .... 3 fr. 50

Dixmude, par Ch. LE GOFFIC (Prix Lasserre 1915) .... 3 fr.

Steenstraete, par Ch. LE GOFFIC [illegible]

[illegible]

www.ingramcontent.com/pod-product-compliance
Ingram Content Group UK Ltd.
Pitfield, Milton Keynes, MK11 3LW, UK
UKHW021145260726
13994UKWH00001B/313